教育新语

人工智能时代
教什么，怎么学

(Salman Khan)
[美] 萨尔曼·可汗 著
王琦 万海鹏 译 余胜泉 审校

图书在版编目（CIP）数据

教育新语：人工智能时代教什么，怎么学 /（美）萨尔曼·可汗著；王琦，万海鹏译. -- 北京：中信出版社，2024.7 (2024.12重印)

书名原文：Brave New Words: How AI Will Revolutionize Education (and Why That's a Good Thing)

ISBN 978-7-5217-6550-2

Ⅰ.①教… Ⅱ.①萨…②王…③万… Ⅲ.①人工智能－应用－教育－研究 Ⅳ.① G43

中国国家版本馆 CIP 数据核字 (2024) 第 087577 号

BRAVE NEW WORDS: How AI Will Revolutionize Education (and Why That's a Good Thing)
Copyright © 2024 by Salman Khan
This edition arranged with InkWell Management LLC through Andrew Nurnberg Associates International Limited
Simplified Chinese translation copyright © 2024 by CITIC Press Corporation
ALL RIGHTS RESERVED
本书仅限中国大陆地区发行销售

教育新语——人工智能时代教什么，怎么学
著者： ［美］萨尔曼·可汗
译者： 王琦 万海鹏
审校： 余胜泉
出版发行：中信出版集团股份有限公司
（北京市朝阳区东三环北路 27 号嘉铭中心 邮编 100020）
承印者： 北京通州皇家印刷厂

开本：880mm×1230mm 1/32 印张：9.75 字数：215 千字
版次：2024 年 7 月第 1 版 印次：2024 年 12 月第 7 次印刷
京权图字：01-2019-5499 书号：ISBN 978-7-5217-6550-2
定价：69.00 元

版权所有·侵权必究
如有印刷、装订问题，本公司负责调换。
服务热线：400-600-8099
投稿邮箱：author@citicpub.com

目录

推荐序　人工智能时代的教育变革　　　　　　　　　　钱颖一 /V

推荐序　人工智能带给教育的宝贵礼物　　　　　　　　汤　敏 /XI

推荐序　用技术赋能孩子的健康发展　　　　　　　　　彭凯平 /XIX

译者序　智能时代的认知升级和教育变革　　　　　　　　　　/XXV

序　言　让我们一起写个新故事　　　　　　　　　　　　　　/XXIX

第一部分
人工智能导师的崛起

01　扔掉恐惧感　　　　　　　　　　　　　　　　　　　　/003

02　引导式教学　　　　　　　　　　　　　　　　　　　　/009

03　实现精熟学习　　　　　　　　　　　　　　　　　　　/013

第二部分
社会科学领域的新尝试

04　助力写作：辅助但不替代　　　　　　　　　　　　　　/027

05　阅读理解的未来，让文学作品栩栩如生！　　　　　　　/037

06　培养创造力　　　　　　　　　　　　　　　　　　　　/043

07　与历史对话　　　　　　　　　　　　　　　　　　　　/055

第三部分
赋能下一代创新者

08　用科学研究科学　　　　　　　　　　　　　　　　/071
09　辅导数学学习　　　　　　　　　　　　　　　　　/083
10　充实课程资源库，构建跨学科体系　　　　　　　　/091
11　提高学科技能水平　　　　　　　　　　　　　　　/097

第四部分
共创美好的学习体验

12　协作式学习　　　　　　　　　　　　　　　　　　/103
13　陪伴式的心理健康辅导　　　　　　　　　　　　　/109
14　给父母的育儿教练　　　　　　　　　　　　　　　/119
15　构建更加亲密的亲子关系　　　　　　　　　　　　/127

第五部分
保证孩子的信息安全

16　提供事实：纠正偏见和错误　　　　　　　　　　　/133
17　保护隐私，避免数据泄露　　　　　　　　　　　　/141
18　提升学习信息的透明度　　　　　　　　　　　　　/145
19　为孩子辨别和过滤负面信息　　　　　　　　　　　/151

第六部分
人工智能时代的教学

20	减轻教师的教学压力	/159
21	人工智能助教的黎明	/165
22	提供更多可选择的教育模式	/173
23	解决学术作弊问题	/177

第七部分
全球课堂

| 24 | 促进教育平等的技术 | /185 |
| 25 | 教育中的人工智能经济学 | /191 |

第八部分
评价与录取体系

| 26 | 改进 K-12 阶段的标准化测试 | /199 |
| 27 | 提升大学招生的公平性与效率 | /207 |

第九部分
面向未来的工作与竞争

28	人工智能时代的就业需求	/219
29	培养孩子的职场技能	/225
30	连接求职者和雇主	/231

后记	培养孩子在人工智能时代的竞争力	/237
致谢		/249
注释		/255

推荐序
人工智能时代的教育变革

钱颖一　清华大学文科资深教授、经济管理学院教授

人工智能让现有教育优势荡然无存

中国的教育有自己的特点,这个特点中寓含了我们的长处。

首先,个人、家庭、政府、社会对教育的投入很大,这个不仅是金钱、资源的投入,也包括学生、教师、家长时间的投入。这是由我们的文化传统和我们对教育的重视程度决定的。其次,教师对知识点的传授、学生对知识点的掌握,不仅量多,而且面广,所以中国学生对基本知识的掌握呈现出"均值高"的优势。

我们在了解中国教育长处的基础上来反思我们现有教育存在的

问题，这样就会更有针对性。

我认为，中国教育的最大问题，就是我们对教育从认知到实践都存在一种系统性的偏差，这个偏差就是我们把教育等同于知识，并局限在知识上。教师传授知识是本职工作，学生学习知识是分内之事，高考也是考知识，所以知识就几乎成了教育的全部内容。

"知识就是力量"这句话深入人心，但是，创新人才的教育仅仅靠知识积累就可以吗？我的答案是否定的，教育必须超越知识。这是我对创新人才教育的一个核心想法，也是我们提出教育改革建议的出发点。

爱因斯坦的一句话给我留下深刻印象。他在1921年获得诺贝尔物理学奖后首次到美国访问，有记者问他声音的速度是多少，爱因斯坦拒绝回答，他说，你可以在任何一本物理书中查到答案。接着，他说了那句特别有名的话："大学教育的价值不在于记住很多事实，而是训练大脑会思考。"

在今天，很多的知识可以上网查到。在未来，会有更多的知识机器帮你查到。所以爱因斯坦的这句话在当前和未来更值得我们深思。

我们知道，人工智能（AI）就是通过机器深度学习工作的，而这种学习过程就是大量地识别和记忆已有的知识。这样的话，它可以替代甚至超越那些通过死记硬背、大量做题而掌握知识的人脑。而死记硬背、大量做题正是我们目前培养学生的通常做法。所以，一个很可能发生的情况是，未来的人工智能会让中国现有教育制度下培养学生的优势荡然无存。

经济发展需要创新驱动，人工智能发展势头强劲，这些都让我们认识到对现有教育体制和方法进行改革的迫切性。

知识越多未必创造力越强

我在教学实践中强烈地感受到，创造性思维的来源之一是好奇心和想象力。

创造力确实需要知识的累积，但除了知识，还需要什么呢？爱因斯坦说过，"我没有特殊的天赋，我只是极度好奇"，"想象力比知识更重要"。他说的好奇心和想象力，我觉得是我们过去忽视的。

受此启发，我提出一个简单的公式：创造性思维 = 知识 ×（好奇心 + 想象力）。这个简单的公式告诉我们，知识越多未必创造力越强。因为虽然知识积累多了，但好奇心和想象力可能减少，所以创造力不一定会随着受教育时间的增加而增加。儿童时期的好奇心和想象力特别强，但是随着受教育的增加，好奇心和想象力通常会递减。

为什么？因为我们后来学的知识都是有框架和设定的，不管什么知识都是这样。在学习这些知识的时候，你的好奇心、想象力往往会挑战这些知识框架，但在绝大多数情况下，你的挑战是错的。

由于经常受到打击和否定，所以客观上压制了你的好奇心和想象力。连爱因斯坦都曾经感叹道："好奇心能在正规教育中幸存下来，简直就是一个奇迹。"

这就形成了创新人才教育上的一个悖论：教育一方面有助于增加知识而提高创造性，另一方面又因压抑好奇心和想象力而减少创造性。这让我们难以判断教育对创新人才产生的作用，但可以部分解释为什么有些辍学的学生反而很有创造力。

因此，并不是我们的学校培养不出杰出人才，而是我们的学校在增加学生知识的同时，有意无意地减少了创造力必需的其他要素，即好奇心和想象力。

功利主义扼杀了创造性思维

创造性思维的来源之二，是有更高追求的价值取向。

创造性思维不仅取决于好奇心和想象力，还与价值取向有关。当我们讨论创新人才教育时，它不仅仅是一个知识和能力问题，也是一个价值观问题。

我们现在所处的是一个急功近利的社会，盛行短期功利主义的价值取向，这对创造性思维是有害的。人要有追求，要有更高的追求，就要超越短期功利主义的价值取向。

我把创新的动机分为三个层次，分别代表三种价值取向：

（1）短期功利主义；（2）长期功利主义；（3）内在价值的非功利主义。后面的追求比前面的层次更高。

对短期功利主义者而言，创新就是为了发论文、申请专利、公司上市；对长期功利主义者而言，创新是为了填补空白、争国内一流、创世界一流；而对内在价值的非功利主义者而言，创新是为了追求真理、改变世界、提高人们的幸福感。

我们的现实情况是，具有第一类动机的人很多，具有第二类动机的人也有，但是具有第三类动机的人就少了，甚至可以说是寥寥无几。所以，我们之所以缺乏创新型人才，除了缺乏好奇心和想象力，还有就是在价值取向上太急功近利，太功利主义。急于求成的心态、成王败寇的价值观，导致更多的抄袭、复制，而较少真正的创新，更不太可能出现颠覆性创新、革命性创新。

改革不易，但为时代所需

基于以上反思，我认为创新人才的教育需要创新的教育模式。

我提出三条建议：第一，教育应该创造更加宽松的、有利于学生个性发展的空间和时间；第二，在教育中要更好地保护学生的好奇心，激发学生的想象力；第三，要引导学生在价值取向上有更高的追求，特别要避免短期功利主义，鼓励非功利主义的内在价值取向。

这就对教育改革提出了新的要求。因为目前学生培养方案的设计多以学生掌握知识的深度、广度为出发点和考核点，总觉得学生学得不够多、不够深，学得不够实用、不够前沿。但是，如果我们更关心学生的好奇心和想象力，更关注学生的价值取向，那么我们的教育模式就应该有很大的改变。

在实践中，我也体会到改革是很不容易的，传统的观念、市场的压力、社会的环境都是制约因素。但是，对学生好奇心、想象力的关注，正在得到越来越多的共鸣；学生的个性发展，也受到越来越多的重视。这些都是积极的变化。

我相信，随着中国经济的进一步发展，随着人工智能技术的不断突破，随着社会对创新人才需求的增加，中国教育将会发生深刻的变化。

推荐序

人工智能带给教育的宝贵礼物

汤　敏　国务院原参事，教育30人论坛成员

教育革命

教育又要革命了。

早在56年前，毛主席就发出了"学制要缩短，教育要革命"[①]的号召。几十年的风风雨雨，伴随着社会经济与技术的发展，中国的教育发生了一次又一次巨变。

而这一次的教育革命，则是由人工智能，特别是生成式人工智

[①] 参见《从上海机床厂看培养工程技术人员的道路》，《人民日报》，1968.7.22。

能在教育领域的应用引起的。如同社会上其他领域的人一样，教育界对人工智能近年的突飞猛进充满了焦虑。传统教育侧重于知识传授和技能培养，但在人工智能时代，教育更倾向于培养学生的创新能力、批判性思维等软技能。人工智能还引发了教育者对于自身职业定位和发展的焦虑。如何确保学生在多样化的学习环境中保持高效的学习状态？如何在学生利用人工智能完成作业或论文的条件下，准确评估学生的实际能力和学习成果？如何防止那些无法获得先进技术资源的学生面对更宽的数字鸿沟？

在这场新的教育革命中，有一位教育家和思想家的名字格外引人注目，他就是萨尔曼·可汗。他不仅是一个拥有远见卓识的教育领袖，更是一位深谙未来教育真谛的导师。"萨尔曼·可汗"这个名字，与他创立的可汗学院一样，已成为全球教育变革的一个代名词。

可汗学院的传奇故事恐怕很多人都听说过。我在几年前编著的《慕课革命》一书中就详细介绍了萨尔曼·可汗的故事。可汗与教育的渊源始于一个极为偶然的事件。当时还在金融界做对冲基金经理的他承担了一项家庭义务，辅导他在学习上有些困难的小表妹的数学。他用家中简单的设备给表妹录制了教学视频，又顺手把这些视频发到了网上。没想到，这些视频在网络上迅速传播，点燃了全球学习者网上学习的热情。后来，他干脆辞去了对冲基金经理的职务，全职干网上家教，可汗学院由此应运而生，成为一个免费、高质量的在线学习平台。现在全球有上亿学生每天在可汗学院网站上学习，无数人因此受益。

在新冠疫情的阴霾下，可汗学院再次展现出其敢为天下先的精神。他们推出了一个叫 Schoolhouse.world 的平台。这个平台的特点在于它连接了来自世界各地有资质的志愿者导师，给有需求的学生提供实时的辅导服务。这些志愿者导师通常是高中生。有需求的学生登录平台并选择相应的辅导课程，志愿者导师则通过视频会议的方式，提供一对一或小组免费辅导。

有趣的是，这些优秀志愿者本身的表现也开始受到关注。他们的辅导成绩和学生反馈成为衡量他们能力的重要指标。许多名牌大学，如芝加哥大学、麻省理工学院、加州理工学院、布朗大学、耶鲁大学等，开始将 Schoolhouse.world 上志愿者的表现作为大学招生的参考依据。这些成绩单不仅展示了学生在学科上的掌握程度，还记录了他们在平台上提供帮助的数量和质量，从而为大学提供了一个全面评估学生学术能力和社会责任感的窗口。

可汗的新实践

在生成式人工智能迅猛发展的今天，站在教育科技第一线的可汗先生当然不会缺席。最近，可汗学院与 OpenAI 公司合作开发了一个叫 Khanmigo 的人工智能教学系统。有意思的是，它不仅能够给学生提供个性化的学习体验，还能通过苏格拉底式的提问方式，与学生进行自然语言对话，解答他们的问题，甚至能够扮演历史人物或文学作品中的角色，让学生在沉浸式的环境中学习，从而激发他们的创造力和批判性思维。

目前，Khanmigo已经在全美数万名师生中进行了试用，效果令人鼓舞。它提供了一个安全、无压力的学习环境，帮助学生们克服了在传统课堂上提问的恐惧，增强了他们的自我表达能力和学习动力。教师和家长也可以通过Khanmigo了解学生的学习情况，包括他们在哪些方面存在困难，以及他们在学习上的进展。这种透明度不仅帮助家长和教师更好地支持学生，也为学生提供了一个更加个性化和支持性的学习环境。

萨尔曼·可汗把这些实践和他在人工智能时代对教育的思考写进了他的新书《教育新语》。在这本书中，他不仅分享了他对未来教育的宏大构想，更是提出了一系列切实可行的策略和方法，让人工智能成为教育的助手，而非替代者。

《教育新语》是一本写给未来的书。它讲述了一个如何利用人工智能释放每个孩子潜能的故事。可汗先生在书中描绘了一个充满希望的未来。他通过生动的案例和深刻的洞察，向我们展示了人工智能如何成为教师的得力助手和家长的教育伙伴，如何帮助学生建立自信，激发他们的创造力，提高他们解决问题的能力。在萨尔曼的笔下，人工智能不再是冷冰冰的技术，而是温暖而智慧的教育伙伴。

对于有着几千年重视教育传统的我国来说，家庭对子女的教育投入巨大，从早期教育到高等教育，无不体现出对教育的极度重视。然而，这种重视也伴随着很多纠结。一方面，人工智能为教育发展带来了新的机遇，如个性化学习、自适应评估等；另一方面，人工智能有可能加剧学生对考试成绩和名牌学校的追逐，导致学生压力更大、教育更卷。

那么，在可汗的眼中，人工智能到底能给教育带来什么新变化呢？

可汗认为，个性化学习体验是人工智能带给教育的最宝贵礼物。从孔子到亚里士多德，诸多先贤都认为教育应该是因材施教的。然而，在现代教育中，一个班几十个学生，老师通常只能按照统一的进度和教学计划来教学，结果是好的学生吃不饱，接受能力较差的学生跟不上。而利用人工智能技术模拟一对一辅导，让每个学生都能按照自己的节奏学习，不仅提升了学生的学习效率，而且发挥了学生的个性和潜能。

在人工智能对学生进行一对一辅导后，教师会不会失业呢？与很多人担心的不同，可汗认为，人工智能时代教师的角色不是被削弱，而是得到了扩展和深化。人工智能技术能够处理教师需要花大量时间来完成的传统的教学任务，如作业批改和知识点的直接传授，教师因此可以转变为学习过程的指导者和促进者，更专注于引导学生探索、提问和深入理解。教师还可以成为个性化学习的设计师，利用 AI 工具来设计个性化学习计划，根据每个学生的需求和学习进度调整教学内容和速度。人工智能的使用还能为教师提供持续学习和专业发展的机会。

人工智能可以改善现行的考试制度吗？对于中国人特别纠结的中考、高考这样的标准化测试方式，可汗认为，人工智能的发展也提供了改善的希望。人工智能可以根据每个学生的学习进度和风格提供定制化的评价，可以通过算法和数据分析，对学生的学习全过程进行多样化的评价，而不是一考定终身。人工智能还有助于减少人为偏见，提供更公正的评价。

更高质量的教育

从更宏观的角度来看，人工智能还有在全球范围内促进教育公平的潜力。人工智能系统的可扩展性可以同时为亿万学生提供服务，这使得高质量教育资源得以广泛传播。相比传统的教育模式，人工智能驱动的教育解决方案可以用更低的成本提供给更广泛的受众。这对缺乏资源的欠发达地区，对广大的发展中国家来说，意义特别重大。但是，人工智能对教育公平也是一把双刃剑，对于那些没有接入互联网的地区，对于那些连电脑、手机等终端都没有的学生，对于那些难以获得先进的人工智能教育资源的老师和学生，人工智能可能会加剧现有的不平等，扩大数字鸿沟。

在人工智能时代，没有什么比失去就业机会更令人担心的了。大家都看到，职场需求正在发生深刻的变化。随着人工智能技术的发展，许多重复性工作，如数据录入、客服等，规则明确、程序化的工作，如会计、审计甚至律师等，需要大量数据分析和预测的工作，如金融分析和市场研究等，都将逐渐被自动化系统和智能机器所取代。

那么，每年涌入就业市场的大量的毕业生，以及从现有工作岗位上被替代下来的人员怎么办呢？可汗认为，随着新技术的发展，很多新的职业将逐渐涌现，如人工智能伦理学家、数据科学家、人机交互设计师、机器学习工程师等。技术技能、软技能和跨学科能力将成为职场成功的关键。未来，远程工作、有助于灵活安排工作和协作的工具的使用将更加普遍。AI相关领域的教育和培训需求量会迅速扩大。

总之，人工智能在教育领域的积极前景令人振奋，但同时也伴随着挑战。我们需要确保人工智能的应用能够服务于教育的本质——培养全面发展的人。这不仅是教育工作者的责任，也是家长、政策制定者乃至整个社会的共同使命。我们有责任为孩子们创造一个更好的教育环境，让他们在人工智能的帮助下，成为能够适应未来社会的创新者。

从我国人工智能教育的角度来看，我认为，当务之急应该是集中力量开发一个针对中国的教育体系、课程标准和学生需求的本土化的人工智能软件，免费向全国学生提供。让一对一的辅导、个性化的学习方式能够尽早地触达我国学生，包括那些教育资源匮乏地区的学生。这个软件也应该有智能辅导系统来辅助教师工作，利用数据分析来优化教学，减少老师的负担。除了要开发这套系统，还应该早日给广大教师提供人工智能应用培训，帮助他们有效地将人工智能工具融入课堂教学。在推广技术应用的同时，也要关注学生的心理健康和社交需求，确保技术的使用不会增加学生的焦虑和孤独感。总之，要通过各种措施，让我国的教育体系可以更早和更好地适应人工智能时代的需求。

最后，我想引用萨尔曼·可汗的一句话来表达我的信念："我们有机会利用人工智能来促进这些类型的交流，而不仅仅是扫除学生在课业中的障碍。"也就是说，人工智能不仅仅是解决学习障碍的工具，更是一个能够促进人们深层次交流和理解的平台。让我们携手前进，为了孩子们的未来创造一个更加美好的世界。

推荐序

用技术赋能孩子的健康发展

彭凯平　清华大学心理与认知科学系教授，中国积极心理学发起人

在人工智能的浪潮中，人们或惊慌于新技术迅速崛起的力量，或对即将到来的崭新时代跃跃欲试，无论如何，AI时代已经轰轰烈烈地到来。在这种情况下，今天人类面对的首要课题，已经不再是AI技术到底能在多大程度上改变这个世界，而是在一个被AI不断改变的世界里，我们如何与AI和谐共处，同时保存人类文明最朴实的真诚、善意、同理心与宽容。我们以及我们的下一代，在这样一个时代，该如何得到更好的发展而不是被技术浪潮所淘汰？

作为一个教育工作者，我始终认为教育的根本是依据生命规律，顺应并发挥人类那些卓越的天性，运用人文与科学相结合的理

念与方法，帮助孩子建构人格、建构理想、建构认知、建构对事物的爱与投入，建构对生命意义的信念。所以，我一直呼吁，教育要尊重人性、尊重科学、尊重文化。教育的使命是造就真正积极而正向的人，激发人内在意义的觉醒，点燃生命价值，而不是加工考试机器。教育既需要与时俱进，亦需要保持本心。秉承这种理念，教育者在今天就需要特别关注如何运用人工智能赋能孩子在新时代中的健康发展。

首先，我认为，不论人工智能如何发展，人都有不可替代的两个特别重要的特质，即"情感思维"与"同理沟通"。从认知科学角度看，人工智能无非极大地拓展了人类的思维能力与知识加工能力，但无论它运用何种算法，基于何种大数据，抽取何种语料库与数据集，在可预见的时间线内，它还无法完全实现人类的情感价值。情感价值包括情感想象力、情感创造力和情感感受力等。一句话，人工智能无法识别人类在纯感性上对于"舒服与否"的判断。同样，情感沟通能力是建立在情感感受力基础之上的，人工智能无法判断"舒服与否"，自然也无法完全判断在变化多端的情境下，具体事件对人们情感诉求和共情心理的影响。因此，尽管在未来，越来越多的职业将被人工智能所取代，但是在相当长的时间内情感价值将依然是人类的优势。对于教育来说，万花筒式的教育与科技无论如何繁荣灿烂，其对于人类灵魂的启蒙都需要人类自身的温情与守望。

在萨尔曼·可汗多年前创办可汗学院之时，我就对他的工作有所关注。他是一位了不起的创新教育家，可汗学院也是一个了不起的教育创新平台。可汗学院的诞生为全世界上亿的学习者提供了开放、易得、高自主性的全新的教学模式和大量精品课程，节约了人们的学习时间，丰富了人们的学习内容，增强了人们的学习兴趣，至今仍对我们的教学创新有着借鉴价值。可喜的是，在他的最新作品《教育新语》中，萨尔曼·可汗不仅充满激情地描绘了一幅未来教育的宏伟蓝图，更为我们提供了如何在 AI 时代守望人类最深处感动的深刻洞见。其中包括在人工智能时代如何刷新教育思维，如何采用不断创新的教学方式，如何用好各种 AI 工具，以及，归根结底，如何培养出具有跨时代优势的全面而积极的孩子。

例如，2023 年元旦，可汗邀请女儿迪亚一起用 GPT-4 写了一个故事。迪亚首先向 GPT-4 提交了提示词，还告诉了它应该用怎样的交流方式和说话语气。接下来，迪亚与 GPT-4 共同创作，迪亚写一段，GPT-4 负责接下来的一小段。在这个过程中，人工智能精准捕捉到了迪亚所构建的虚拟世界，并且通过不断追踪她与角色之间的对话，帮助她将自己的想法倾注出来，并选择恰当的措辞和语气，为迪亚的故事补足细节、渲染氛围。写作，已经从单项任务变成人机之间的交互。在这个过程中，迪亚被 GPT-4 引导，思路越来越开阔，故事越来越丰富。不过，我们看到，尽管 GPT-4 能够发挥很大作用，但最根本的还是来自可汗与迪亚的提示词与情感设定。

写作一向被视为帮助学生提高综合思维能力的最佳方式之一。在写作过程中，学生要不断动用自己的思维，去创造，去发散，去批判，去调整。今天，人工智能的出现，能够帮助人们斟酌话题，收集和分析信息，引导学生不断完善自己的观点和论据，最终让学生组织出自己的思想，并能用正确的语法进行表达。但正如耶鲁大学人文学科教授亚历山大·吉尔·富恩特斯说的，"人工智能最不擅长的是原创"。的确，人工智能"是一个起步工具……（学生）利用它来推动原创作品的写作"。

可汗在这本新书中阐述的新实践，其实就是告诉我们：我们的孩子不会被人工智能替代，但也许会被懂得如何使用人工智能的人替代。未来，最成功的学生将会是那些能借助人工智能强化自身优势、开发潜力的学生。正如迪亚的写作实验，她与 GPT-4 合作，在写作过程中不断满足自己的好奇心，在技术的支持下获得一部好的作品。那些能与人工智能进行头脑风暴的人，创造力不仅不会受限，相反还会大大增强。

科学技术发展的目的，不是为了让我们感到恐惧，而是让我们拥有强化自身优势的工具。生成式人工智能能够给孩子们带来新的学习材料，增强协作学习能力，激发创造力，培养社交能力，并提供能让父母与老师更深入参与孩子教育的新途径。而养育者们，包括教育、家长与社会层面上更多的成年人，需要教会孩子们如何拥抱人工智能，发挥人工智能对于学习时间与效率的巨大价值，从而把更多的精力放到人类自身无可替代的情感与感悟的持续进步上来。

希望这本书能够成为人工智能时代我们一起展望与思考的良师益友，让我们每个人的心灵在一个无边界的世界里更加自由地徜徉。

译者序
智能时代的认知升级和教育变革

余胜泉　北京师范大学教授、未来教育高精尖创新中心执行主任

在智能时代,新技术和应用层出不穷,社会变得越来越复杂,知识和信息也在爆炸性增长,个人的认知能力受到极大挑战。由于人类大脑处理信息的能力有限,我们需要改变传统的单一认知方式,转而依靠人机协同,将部分认知任务交给外部智能设备等工具。

工具的使用一直是人类进步的重要动力。荀子在《劝学》中说:"假舆马者,非利足也,而致千里;假舟楫者,非能水也,而绝江河。"各种智能技术和设备现在已成为人类思维的延伸,帮助我们超越个体认知的极限,提高信息处理的效率。这种借助外部设备进行思考的方式就是"认知外包"。

在这一过程中，智能设备负责信息处理，人脑则负责理解和判断，从而减轻认知负荷，提升解决复杂问题的能力。当智能设备普及后，认知外包所实现的人机协同思维体系将逐渐取代传统的以个人为主的思维体系。这种人机协同的思维方式成为现代人适应复杂社会的基本认知模式，也是增强人类认知能力的基本途径。

认知外包的核心是连接，即内部认知网络（人脑）与外部认知网络（智能设备）之间的有效连接。内部认知网络具有创新思维、情境理解、价值判断和情感关怀等优势，而外部认知网络则具有海量信息存储、检索和快速计算处理的能力。两者通过相互作用和相互增强，形成平衡与有效连接，从而提升整体认知能力。

然而，认知外包的实现并非简单地依赖外部设备处理认知任务。它要求人们具备一些关键能力，如对外部认知网络的选择能力、外部信息可靠性的判断能力、有效连接内外部认知网络的能力、逻辑校验能力、内部认知网络的激活能力以及信息意义的理解与生成能力等。

在教育领域，认知外包能增强孩子的学习能力，但也存在潜在风险。孩子在成长阶段，如果过度依赖外部设备解决学习问题，可能导致认知能力的退化。因此，教育应在以下三个方面进行变革，使孩子在面对外部信息时能够进行有效的认知外包，避免认知陷阱。

1. 帮助孩子建立完整的知识体系，形成网状知识结构，不仅理解概念节点，还能激活概念之间的关联。知识是思维的基础，没有完备的知识，深刻的思维无法持续发生，孩子内部的认知活动就难以有效进行。同时，结构化、网络状的知识体系在认知过程中更容易被激活和整体加工，使孩子在面对新的学习和认知任务时，能更好地理解、整合和运用已有知识，将外部智能设备的信息整合到自身思维中，而不是简单依赖外部智能设备获取答案，成为智能设备的附庸。

2. 培养孩子良好的思维结构和品质，保持思维的深刻性、灵活性、独创性、批判性、敏捷性和系统性。良好的思维品质促使孩子在认知过程中主动从不同维度思考问题，积极参与和批判性地分析外部智能设备的输出。通过内外部认知网络的不断交互，孩子可以将外部设备的处理结果有机地融入自身内部认知框架，形成基于理解和可控制的有效认知外包。这样的思维结构使孩子在认知外包过程中不仅可以被动接受外部信息，还能主动控制和应用这些信息。

3. 引导孩子形成积极的社会情感。认知过程与情感过程交织在一起，意义与价值是认知过程的核心要素。积极的社会情感可以调节学生的认知过程，不断产生积极的意义与价值，使孩子在学习过程中获得愉快的情感体验，形成推动内部认知网络发展的内驱力，激发持续学习和发展的动力。只有知识与情感互动，才能赋予认知外包的结果以意义，将其纳入主体思维过程的链条中，否则人类会异化为机器。

智能时代，通过认知外包实现的人机协同思维方式已成为适应现代社会的基本认知模式。在此基础上，教育体系也必将发生根本性的转变和系统性的重构。教育应当适应智能时代人才培养的要求，不仅训练孩子完成机器可以完成的任务，更应全面推进核心素养导向的教学，致力于孩子审辩式思维、创造性思维等高阶能力的发展，着力塑造孩子的创新能力、思维能力和问题解决能力，使其富有技能、学识和智慧，并具备积极的社会情感和弹性的心理空间。这也是跨越人工智能教育应用陷阱的根本之道。

萨尔曼·可汗的新书系统介绍了基于 GPT-4 开发的智能教学系统 Khanmigo，通过生动的案例让我们更好地理解人工智能在教育中的作用。我希望这篇序言能帮助读者更好地理解人工智能教育应用的基本原理和核心原则，为可汗先生的作品提供有益的补充。

序言
让我们一起写个新故事

只站着眺望海面,你永远无法渡过海洋。
——泰戈尔

无论做什么,都不要让过去成为你的束缚。
——罗伯特·海因莱因,《严厉的月亮》

  2023 年元旦,11 岁的女儿迪亚和我决定用一个下午的时间一起写一部短篇小说。当我把电脑放在厨房台面上时,迪亚已经确定了故事的框架并开始输入。我们故事的主角是一位时髦的网红,迪亚为她取名萨曼莎。故事中,萨曼莎被困在一座荒岛上。"太棒了。"我说,迪亚继续创作着她的故事。

  这一刻,就像踏入了科幻小说的世界,又像跨入了实境游戏的虚拟空间,迪亚进一步完善着她所构想的主人公。不一会儿,萨曼莎直接回应了迪亚,她的话出现在屏幕上:"迪亚和萨尔曼,你们好,我是萨曼莎。你们创作的冒险故事相当精彩!你们打造了一个现代感十足的经典荒岛故事！"

迪亚继续写道："荒岛上的生活如何呀？"

"岛上生活是一次意外的冒险，"萨曼莎回答，"我必须学会如何在舒适圈外生存，但我也发现了我从未意识到的潜能！"

"是什么样的才能呢？"迪亚问道。

萨曼莎回答："首先，我已非常擅长用棕榈叶和树枝来建造临时避难所。我还学会了如何徒手抓鱼，以及只利用树枝和干树叶点火！"

迪亚毫不犹豫地输入："为什么不用你的围巾来做一张吊床呢？"

"用我的围巾？那可不行！"萨曼莎回答，"这是一位设计师的杰作，我可不能贸然毁掉它。现在让我们继续吧，接下来会发生什么呢？"

"我认为我们应该按照萨曼莎说的做。"我说。

迪亚表示赞同。她回到电脑前，并输入："如果突然间，萨曼莎最好的朋友艾米莉驾驶帆船来救萨曼莎呢？"

"太棒了！"萨曼莎写了接下来的一部分，"'在看到她最好的朋友艾米莉驾着小小的帆船驶向小岛时，萨曼莎简直不敢相信自己的眼睛。她拼命地挥舞着双臂，试图吸引艾米莉的注意。随着帆船逐渐靠近岸边，萨曼莎越发激动。她迫不及待地想要告诉艾米莉岛上的冒险经历，并想知道艾米莉是如何找到她的。'好了，现在轮到你们了，迪亚和萨尔曼！完成接下来的两句话，让我们瞧瞧她们是如何重逢的。"

让我们简要回顾一下：11 岁的女儿和我正与一个虚构的角色进行着一场真实的对话，这有点库尔特·冯内古特式的荒谬。我所熟知的世界突然向着陌生的新现实转变。

这对我们和地球上的每个人而言，都是一场深刻而永久的改变。

提议

为了说明我们是如何实现这难以置信的一幕，让我们一起回溯。

20 年前，我的表妹娜迪娅需要数学辅导。我是一位对冲基金分析师，又具有计算机科学的背景，于是我提议为她远程教学，方式是使用即时通信或电话交流。这种辅导方式似乎对她奏效。很快，家里人都知道我在远程辅导。于是在一年内，我辅导了十几个表亲。

为了更好地辅导他们，我开始编写基于网络的数学练习软件，这样他们就可以自行弥补自己的知识漏洞，并保持自己的学习节奏，同时我也可以追踪他们对内容的掌握情况。我给这个网站取了一个我唯一能想出的体面域名——可汗学院。意识到一对一教学的威力，我很快想到我该如何将这个平台规模化，让成千上万，甚至是数百万像我表亲一样的学生能受益于导师式的指导。

在朋友的建议下，我开始录制视频课，并将其发布于 YouTube

（油管）上，以配合软件使用。截至 2009 年，我的网站每月都有 5 万名学习者，每个人都渴望获得学业指导。我还发现很多用户都是学生，在他们看来，可汗学院是自己或家人无法负担的私教。如今，可汗学院是一个拥有超过 250 名员工的非营利组织，服务于全球 50 多种语言的 1.5 亿名学习者。支持世界级的大规模个性化学习（通常体现为一对一辅导），是我们免费为每位学习者提供世界级教育使命的核心。

我把可汗学院的愿景归纳为：成为世界上每一个学习者的导师。这也是我们一直以来努力的方向。而这不仅仅是规模化的私人辅导那么简单。很久以来，大量研究（或者说是我的直觉）表明，自步学习（自己设定学习节奏）和精熟学习（让每个学生真正精通一门学科）会让孩子们学到更多。而现实却是，一个班有 30 名学生，但为了学习进度，即使还有很多学生并未掌握已学知识，老师也会进入下一个知识点的讲解。显然，让每个学生都能随时随地得到专人辅导在经济上是不可行的。在此背景下，技术成为唯一可行的解决方案。在我看来，人工智能技术有朝一日可能会成为解决这个问题的关键，甚至能模拟真实教师。

我不是唯一拥有此梦想的人。科幻作家尼尔·斯蒂芬森在他的小说《钻石时代》中提到技术对教育的潜在影响。这本书设定在未来世界，并引入了 AI 的概念。小说中的《淑女养成指南》是一本先进的交互式图书，为它的年轻读者提供个性化教育。奥森·斯科特·卡德的小说《安德的游戏》设想了一所战斗学校。学校利用先进的人工智能技术——名字为"简"的人工智能教师——来测试和训练学生的战略思维和决策能力。艾萨克·阿西莫夫在短篇小说《他们的乐趣》中描述了未来学校使用先进技术革新教育体验,为学生提供个性化指导和机器人教师,实现个性化学习的场景。这类科幻小说也启发了现实的创新。在1984年《新闻周刊》的采访中,苹果公司联合创始人史蒂夫·乔布斯曾预言,计算机将成为我们思维的自行车。就像变速自行车会增强我们的体能一样,计算机将拓展我们能力、知识、创造力的边界。而多年来,我们也一直希望可以用计算机助力教育。

  这些科幻故事的共同点在于它们都设想计算机最终能够实现我们眼中的智能。为了让此愿景成为现实,研究人员已经努力了60多年。1962年,跳棋大师罗伯特·尼雷利对战IBM 7094计算机并被击败。在此之前的1957年,心理学家弗兰克·罗森布拉特创造了第一个人工神经网络Perception,它是对神经元和突触集合的计算机模拟,经过训练便可执行特定任务。在早期人工智能出现这种创新之后的几十年间,我们拥有的计算能力只能处理像蚯蚓或昆虫大脑一样简单的系统。而我们也没有足够的技术和数据去训练这些网络。

  随着时间的推移,人工智能技术已经取得了长足进步,并衍生出当今一些最常见的产品和应用。从电影流媒体的推荐引擎到如

Siri 和 Alexa 这样的语音助手，人工智能已十分擅长模仿人类行为，以至于我们经常无法区分人类和机器的回答。与此同时，计算能力发展到不仅能处理接近人脑复杂程度的系统，还在构建和训练神经网络上取得了重大突破。最新的技术突破来自谷歌在 2017 年推出的转换器（Transformer）技术，它能更快且更好地进行训练，从而更准确地将词语和想法联系起来。

这些系统能运作得多好通常与底层"模型"的复杂度和体系架构相关。我们将模型视作一种试图模仿或模拟真实世界的计算表征，比如，气象学家预测飓风路径时会使用天气模型，其中包含了数十亿或数万亿个大气中较小区域空间单元的软件模型，并预测较小区域空间单元将会如何互相作用。对大语言模型而言，它们是专为模拟词与词之间的关联而设计的。在大语言模型中，我们并不模拟大气情况，而是模拟神经元和突触。如以 GPT-4（基于转换器 Transformer 的生成式预训练模型的简称）为代表的大语言模型，本质上是庞大且强大的"词汇智能体"，它们在书籍、文章、网站以及所有书面材料中进行了大量的信息训练。

通过分析和处理大量的文本，语言模型学习了词语、句子和段落组合在一起的模式、语言以及上下文。如果你向 GPT-4 之类的大语言模型提问，它会根据基于书籍、网页、视频文字稿和社交媒体发帖训练得到的模型来做出回答。语言模型虽缺乏人脑对真实世界的感官体验，但可通过接触超量语言（超过任何人一生中可阅读、观看或是听到的语言量）来弥补这一不足。

2022 年夏天，我收到了来自格雷格·布罗克曼和山姆·奥特曼的一封邮件，他们分别是 OpenAI 的总裁和首席执行官。而 OpenAI 是一家致力于在社会友好型人工智能方向上进行突破性研究的实验室。OpenAI 的这两位领导者希望能同我会面，并洽谈潜在的合作。我此刻尚未意识到，世界即将发生翻天覆地的变化。

当时，距 OpenAI 发行 ChatGPT 还有 4 个月的时间，距发布 GPT-4 还有 7 个月的时间，而他们想探讨的便是最终的推出计划。我十分好奇，却又不禁怀疑我们究竟可以合作什么。我并不认为新一代的生成式人工智能会契合我们的需求。尽管 AI 已经在写作领域取得了一些成就，但在我看来，人工智能并未真正掌握知识，且缺乏逻辑思考和推理的能力，也无法生成合理的事实。同时，我又十分钦佩 OpenAI 已取得的成绩，因此我们安排了会面的时间。

这些模型后续的每一代模型都会更加复杂，这可由每一代模型所含的参数量来衡量。对于参数，最佳理解便是将其视作一个数字，它描述了大语言模型中神经网络两个节点之间的连接强度。你也可以将参数视为大脑中两个神经元之间突触强度的表示。在 2018 年首次推出时，GPT-1 就拥有超过 1 亿的参数量。仅在一年后，GPT-2 的参数量就超过了 10 亿；GPT-3 的参数量超过了 1750 亿，而 GPT-4 的参数量可能达到约 1 万亿。

OpenAI 的领导层认为，GPT-4 的性能将会惊艳四方，它在让很多人激动的同时也会让很多人不安。因此，他们希望能与少数值得信赖的合作伙伴一起推出 GPT-4，而这些合作伙伴也能展示出积极而真实的案例，可汗学院便是他们的首选。他们联系我的第二个原因是想让我们帮助评估他们的新产品。他们需要展现出 GPT-4 具有逻辑推理、辩证思考和实际处理知识的能力。OpenAI 团队想了解 GPT-4 在大学层面生物学问题上的表现，而我们正好有成千上万个这样的问题。

我突然十分激动，因为我将是在这个星球上首批见证 GPT-4 能力的人。根据以往的经验，我明白探索一项技术最好的时机便是它正在走向完善的时候。如果你在大多数人仍认为它是一个玩具或是消遣时对其进行投资和测试，那么在它进入全盛时期时，你将会收获颇丰。视频学习的起步阶段便是这样，在一大群反对者说这不过是消磨时光时，先驱们早已告诉我们点播视频不只是猫弹钢琴那么简单。事实是，你可以利用它们来帮助学习。

如今，学生会用点播视频来学习他们想知道的一切，这种方法也在课堂上被逐步接受。可汗学院在这方面发挥了引领作用，因为我们用视频帮助了全球数亿学习者。我们同时还表明，视频不是教师的替代品，而是课堂的一部分，并能为个性化学习、实践以及课堂交流腾出更多时间。而这毫无疑问让教师更为重要。现在是时候看看生成式人工智能是否也能完成同样的事——辅助学生，并让教师发挥更大的作用。

山姆和格雷格开始了 GPT-4 的演示，他们向我展示了从大学理事会网站上找到的一道应用生物学选择题。他们问我答案是什么，在读完题目后，我认为答案是 C。接着，他们通过一个聊天窗口（类似于大家现在习惯使用的 ChatGPT 的聊天窗口）让 GPT-4 回答。不一会儿，GPT-4 给出了正确答案。

我没有立刻说话，但不禁浑身起了一层鸡皮疙瘩，甚至我还持有几分怀疑。"等一下，"我说，"这个人工智能已经能回答应用水平的生物学问题了？"也许它只是走运，我想。"你能让它解释如何得出答案的吗？"

格雷格接着输入：请解释你是如何得出答案的。没几秒，GPT-4 就给出了一个清晰、简洁且缜密的解释。不仅如此，它的回答十分流畅，就像真人在回答。

此时此刻，我不再掩饰我的惊讶。

"能问一下它为什么其他选项不正确吗？"

格雷格答应了，不一会儿，GPT-4 便分析了为什么其他选项是错误的。

接下来，我问格雷格 GPT-4 能否出一道应用生物学原创问题。GPT-4 不仅做到了，甚至给出了 10 多道题目。

两个月后，我拜访了比尔·盖茨，并向他介绍了可汗学院的近况。我从他那里了解到为何 OpenAI 团队会向我展示一道应用生物学题目。比尔告诉我，他在第一次使用 GPT-3 时就感到震惊，但他告诉 OpenAI 团队，只有当 GPT 能通过应用生物学考试时，他才会真正为其折服。OpenAI 团队为我做的第一次演示，GPT-4 现在已经完全能做到。

我对格雷格和山姆说："它将改变一切。"我脑海里充满着 GPT-4 能重塑我们的教育、证书、工作和潜力的方式。

"我们也是这样想的，"山姆说，"目前，GPT-4 还不够完美，但技术已经日臻完善。谁知道呢，如果我们设想正确，教育工作者也许会使用这一技术。"

我们不久前认为只存在于《星际迷航》里的技术突然成为现实，而最伟大科幻小说家所设想的创新也已成真。

AI 黑客马拉松时间

1940 年代初期，杰出数学家克劳德·香农提出了一系列重要理论，其中之一是他构建的电子通信理论，它也在后来成为数字技术的基础。1948 年，在贝尔实验室工作期间，香农开始涉足我们如今所知的人工智能领域。香农决定探究算法可以如何向语言靠拢。他在《贝尔系统技术期刊》发表了一篇名为《通信的数学理论》的论文。彼时互联网尚未出现，数字计算机正处于发展的早期阶段。香农的信息论证明了一系列的概率过程可以让算法更加近似英语语言。通过记录文本中的词频，他设计出了一个算法，该算法可以预测出下一个最有可能出现的词。最终，这一小型语言模型能生成一个完整的句子。随着该过程的不断改善，生成的句子也更加自然。这一过程似乎过于简化了，但实质上，类似于 GPT-3 和 GPT-4 的语言模型本质上是基于专业化神经网络训练的复杂大型语言模型，而这一基本思想也可以追溯至香农的早期工作。

继香农的贡献后，我们见证了计算机领域另一位伟人的出现，他就是艾伦·图灵。图灵除了破译德国密码，帮助我们战胜纳粹，还进一步探索了人工智能的概念，以及机器能否达到逼真模仿人类智能的境界。1950 年，他撰写了一篇名为《计算机器与智能》的基础性文章，其中，他介绍了模仿游戏的概念，也就是如今的图灵测试。设想你正在电脑或手机上聊天，无法看到正与你交谈的人，你将如何判断你是在与人类还是与机器聊天呢？这就是图灵测试的实质。测试中，通常会有一位裁判来评估人类和机器的回答。机器的目标便是让裁判认为它是人类。它需要展示出智慧、理解力以及像人一样连贯对话的能力。图灵认为，如果一台机器能持续骗过裁判，我们就可以说它具有智能。换言之，如果机器能通过图灵测试，那就意味着它具有近似于人类的智能。

在 2022 年夏天接受山姆和格雷格邀请进行新 GPT-4 实地测试时，我想知道它有多大可能通过图灵测试。1990 年代中期，我曾在麻省理工学院学习人工智能。那时，有些简单的程序能在一些对话里欺骗人类，但没有一个程序能在长时间频繁的对话中让人觉得像在与人交流。即使在遥远的未来有一台机器能真正通过图灵测试都让人难以置信，更不用说在我有生之年就有机器能做到，而能亲身尝试一项接近实现或已经实现的技术，让我激动不已。这一技术进步不亚于科学家实现冷核聚变或是超光速旅行。

最初的兴奋劲儿过后，我不禁思考起智能技术可能会造成的社会影响。尽管能解决许多问题，但人工智能也有可能带来一些潜在的负面影响。如果大语言模型能够帮助辅导学生，那么它也能帮学生写论文。是否会带来如此结果：新版本的 GPT 成为学生的依赖，却阻碍学生提升自身的研究能力和写作水平？我还意识到，如果 GPT-4 能协助人们沟通、解决问题，那么它也有可能会反过来对人类产生威胁，比如扰乱工作、削弱目标意识。一个能成为优秀导师的人工智能技术，也有可能成为被有心之人用来欺诈或者洗脑的技术。

我脑海中还在持续构想着各类黑暗的情景和后果——从我们孩子身上获取数据到潜在的技术成瘾。人工智能的颠覆性意味着我们需要认真对待，除了 OpenAI，还有数个组织在大语言模型上投入大量资金，包括微软、谷歌和 Meta（元宇宙），很多国家更是举全国之力投入其中。所有这些科技巨头多年来都在使用某种人工智能，为我们推送无时无刻不在接触的广告、视频、搜索结果和社交媒体帖文。但我这次接触的人工智能似乎与众不同——它也的确如此。

科幻小说家一直都在区分两类人工智能：一类是专业化人工智

能，它可以帮助优化某一特定任务；另一类是通用人工智能，它可以像人类一样处理多个任务；而后者则有可能导致乌托邦和反乌托邦的未来。对很多人而言，像 GPT-4 这样的大语言模型更近似于通用人工智能，因为它们可以在任何主题下进行写作和推理，使其在任何领域都具有相关性。生成式人工智能还可以生成和理解图案。尽管知道人工智能正以我们难以想象的方式改变着世界，但我也意识到，是否继续推进这项技术并不由我或者可汗学院来决定，这项技术早已在不断精进。作为一个致力于善用技术的人，我思考着能否利用生成式人工智能来实现利益最大化，并让教育更加接近乌托邦式的情景。

那是一个周五，我意外获得了使用 OpenAI 最新模型的权限。接下来的一整个下午，我都坐在电脑前，甚至一整个周末，我都为之深深吸引。在电脑前整整坐了 10 小时后，我试着关机并休息，但我的思绪都被这一技术占据，我思索着作为教育者的我们该如何和我们的学生一起使用它。GPT-4 具有深远的影响力，它不仅可以解决和解答复杂且棘手的问题，还可以解释自己的推理过程，并生成新的问题。除此之外，它还可以进行角色扮演。在给出 GPT-4 指示词后，我让它充当数学老师、科学老师和语言老师的角色，每一角色都能与学生进行对话。

而 GPT-4 能用不同语气和风格写作，这一点真正引起了我的注意。比如，在我使用 GPT-4 时，我忍不住想要它以特朗普的语气重写一遍《独立宣言》：

> 伙计们，让我告诉你们，是时候宣布我们要脱离这个失败的政府和糟糕的领导者乔治三世了。我说，这家伙完全就是灾难。他一直在剥夺我们的权利，无视人民的意志，只顾塞满自己的钱包，而不是帮助民众。这实在是太、太、太悲伤了。
>
> 但我们，我们广大民众不会再继续容忍了。我们要建立自己的国家，它将成为世界上有史以来最棒的国家。相信我，没有人比我更懂如何让一个国家更伟大。我们将拥有最发达的经济、最强大的军队、所有最好的东西，一切都会变得非常强大。

接着，我让 ChatGPT 用苏斯博士的风格来写《独立宣言》：

> 在这自由之地、勇敢之乡，
> 一个新的国家诞生了。
> 我们不再是大洋彼岸国王统治下的奴隶。
> 我们宣告独立，欢呼雀跃，
> 以手中之笔和心中之激情，
> 写下我们的不满，

> 这大地上的每一处,
>
> 不再有无代表权的税收,
>
> 不再有士兵入侵我们的家园,也不再有沮丧。
>
> 我们坚信这些真理,
>
> 那便是人生而平等,是的,你我皆平等。
>
> 我们的权利不可剥夺,
>
> 生命、自由、幸福,我们将永存于世。

一旦人们都能使用 ChatGPT,这样有趣的例子将变得比比皆是,但当时,我是第一批使用这一技术并尝试这种提示的人。而 GPT-4 诚然比 GPT-1 更强大,但它还要等几个月才会向大众公开。我发现,基于我的提示词,GPT-4 的回答不仅惊艳、有趣,甚至让人细思极恐。在我向它提问或是求推荐时,它给出的回答让人感觉非常真实。然而,既没有真正的人在幕后作答,也没有其他算法常用的类似"如果……那么……"的逻辑来生成文本。我得到的回答既不模式化也不机械化。与之相反,就算每次提出同样的问题,我也会得到不同的回答,这些回答是基于我与它对话的上下文得出的。

此外,我还认识到这项技术可能改变我们对 K-12、高等教育和其他领域的看法。尽管人工智能尚不完美,有时会在数学方面出错,但在我更加熟练使用提示词后,GPT-4 的表现也越来越好。在周末快结束时，我不禁想到，如果把科技领域和教育领域最聪明的专家召集起来，与我共同探索这个平台，将会发生什么。于是，OpenAI同意授权给另外30位工程师、内容创作者、教育家和研究者，用于GPT-4的实验。

现在正是黑客马拉松的时间。

在可汗学院，团队成员每六个月会有一周时间可以做和组织使命相关的任何工作。有一周，我向团队的一小部分成员演示了GPT-4，并让他们自由发挥。通过合作创新，我们进行了头脑风暴，进而设计和产出了非常酷且有重要意义的想法。最终我们把这一次活动称为"AI黑客马拉松"，这一次马拉松产出了很多全新概念和教育模式。例如，如果人工智能能帮助老师写教学计划会发生什么呢？如果人工智能能与学生进行辩论呢？如果它能创建项目呢？如果它能帮学生减少压力并启发学生产生新想法呢？如果这一技术能够用于学生自测和温习呢？教育工作者能使用人工智能设计出学生能够完成的新颖的活动。人工智能还能帮学生写论文，并通过不断反馈，让学生更好地完成论文。

由此，AI黑客马拉松的参与者们探究了关于安全、保护和偏见的话题（请注意，这是远在OpenAI正式向大众发布ChatGPT之前）。我们也提出了一些明确的担忧：让学生使用生成式人工智能去写论文、做研究、完成测试，甚至帮他们申请大学是好事吗？我们担忧人工智能也许会把我们的孩子变成不学无术的骗子。

如果人工智能能接管学习，那曾经辅导孩子作业的家长将会丧失与孩子建立感情的机会。对老师而言，这会是好事，还是会影响他们的教学能力呢？我从不认为人工智能会让老师失业，而最好的情况便是它能提升老师的教学能力。但我也担心，人工智能会削弱人的批判性思维。

20年前，我就在教育点播视频出现时见过同样的担忧：视频会不会让学生分心？视频会不会缩短学生注意力的时间？它会不会让师生关系变得更加疏远？学生如何知道什么内容适合观看？如果在某一学科遇到困难或疑惑，学生应该向谁求助呢？

但决不能让恐惧阻止我们的探索。在对GPT-4进行更多测试的过程中，我们也知道了更多解决办法，这些办法能让它的优势更加突出。为了解决不诚信的问题，我们认为可以设计一位拒绝直接给出答案的人工智能导师。就像一位称职的人类导师一样，它也能提出引导性的问题。在考虑安全时，我们认为可以创立一个对家长和老师透明的系统，在系统中可以记录学生与人工智能的所有对话。为了鼓励人与人之间的互动，我们建议设计出师生皆可使用的工具，这些工具可以为他们节省时间和精力。

在AI黑客马拉松结束时，我们团队更加确信，GPT-4将会成为教育领域的游戏规则改变者。只要使用得当，它将会影响教师们制订计划、开展教学和评分的方式。将人工智能引入教室，教育工作者也许能解决在教育领域里根深蒂固的一些问题，而这些问题用现有的资源和技术是无法攻克的。不久后，学生们也许就能学得更快，记忆的内容也会更多，这证明了人工智能是增强人类智慧、挖掘人类潜力的终极学习工具。人工智能还可能加速全球学习进程，并让我们更接近实现共筑美好世界的目标。在那个世界中，世界一流课程的学习对每个人来说都是可负担的。人工智能还革新了我们交流、创造以及获取信息的方式，而这些在20多年前是由个人电脑完成的，在40多年前是由计算器完成的。

对我而言，这无疑是鼓舞人心的。我也越发坚信，只要谨慎从事，我们就能减轻生成式人工智能带来的风险和一些潜在问题。虽然我们是目前地球上第一批使用这项技术的人，但显然只要地球人知道了这项技术，所有事情都会发生彻底改变——并且不是几代人的时间，而是数月间。

实践教育勇气原则

2022年底，就在AI黑客马拉松开展两个月后，我们仍在不断探索这项技术的各种可能性，在那时，OpenAI向大众发行了ChatGPT。最初发布的版本在已发布数月的GPT-3.5中嵌入了聊天窗口。尽管GPT-3.5不是最优版本，因为它以一个远不及GPT-4的模型运转，但一经发布，还是立即吸引了全世界的注意。短短几天内，已经有数百万人使用它，社交媒体和新闻媒介似乎对

ChatGPT 以外的话题不再感兴趣。

在第一波兴奋潮中也不乏担忧。很多人担心这会造成学生不诚信行为的大流行，人工智能会生成事实错误、幻觉、偏见，并质疑 ChatGPT 获取数据来源的可靠性。我们看到社会正与这个强大但并不完美的工具做斗争，尤其是在教育领域。在 ChatGPT 发行的数周内，各地的学校都在禁用这一技术。这便点燃了我们可汗学院的斗志，我们不仅想证明面对潜在风险有许多解决方法，同时想证明人工智能将成为教育领域的变革性力量。我们想让真实工具在真实学校里实地应用，而不仅仅停留在理论层面。

OpenAI 计划在数月内发布 GPT-4，一旦发布，我们便需要回答如何解决不诚信、透明性以及审核机制等问题；我们需证明，人工智能对于真实教育环境的学习者和教师也有非常重要的价值，因为它能帮助教师写教学计划、监控课堂进度、做出及时反馈，甚至缓解教师的压力；我们还需要证明人工智能之于学生的价值是充当他们苏格拉底式的导师、辩论伙伴、指导顾问、生涯规划师，并且是他们取得更好学业成绩的驱动力。因此，与 OpenAI 一起，我们创建了一个快速原型构建团队，用于开发一个人工智能与教育融合的平台，并称之为 Khanmigo。

在推动其创新性能力应用和建立安全保障两大目标的驱动下，我有了一些想法：所有人都在说学生借助人工智能写论文会导致学术诚信问题，但如果它不是代劳学生的论文写作，而是和学生一起完成论文呢？

这就是我在 2023 年元旦的新发现，于是我请我的女儿迪亚用 GPT-4 和我一起来写故事。这不是我第一次请迪亚参与教育实验，或者帮我们测试一个产品原型。通常来说，这一类的非正式测试，我会邀请女儿、儿子以及另一位非常有耐心且来自可汗实验学校或可汗世界学校的学生或老师参加。他们会进行新的探索，以确保学生和技术之间的界面能够合理运行。我常发现这种自己动手式的用户调研非常有用，且令人信服。我的合作者们也喜欢这种方式，因为这一方式可以让他们反复检验一个会对学习者产生影响的新程序或是新创意。对 GPT-4 来说，这一点再真实不过了。因此，我为 GPT-4 创造了一个提示词，告诉它和我们一起写故事，而非替我们写故事。我还告诉了它我们理想的交流方式和说话语气。

迪亚接着开始创作关于萨曼莎的故事。萨曼莎是一位网红，被困在荒岛上，后来被她最好的朋友艾米莉解救。迪亚写了一段，大语言模型便负责写下一小段。萨曼莎向我们介绍她自己，讲述了她的日常生活，并与我们共同创作这一故事。令我们惊叹的是，通过 GPT-4，萨曼莎把这次冒险经历变得绘声绘色，引人入胜，对话趣味十足，完美契合迪亚创作的两个人物的特征。迪亚和人工智能继续一起写作，她们的故事从萨曼莎对她高档定制服装的担忧到艾米莉生病离世的动人时分，充满了暖心、欢笑以及悲伤的时刻。

在交流的全过程中，人工智能证明了自己有进行有意义且复杂对话的能力。它以自然且真实的方式回应着迪亚的指令。作为父母，看到女儿与 GPT-4 交流，并以全新的方式激发出她的想象力，这无疑是振奋人心的。她所使用的人工智能精准捕捉到了迪亚所构建的虚拟世界，并不断追踪她与角色之间的对话。人工智能正开阔着她的眼界，帮助她提升写作能力和创造力。写作通常情况下是单向活动，创造者将自己的想法倾注在纸张上，并选择恰当的措辞和语气，而这一单向任务，现在已变成人机间的双向交互。这也让我 11 岁的女儿成为世界上第一个在创作中能与故事对话并得到回应的人！

我们正使用这项技术，它将我们所知的所有教学和学习都提升到了一个新境界，这无疑是激动人心的。我突然意识到，我需要将这项技术带给世界上每一个学习者。我们未来教学的方式正在我眼前发生着改变。在女儿和萨曼莎一起忙于她们的故事创作时，多亏了人工智能，我们才能谱写教育的新篇章。因此，面对新变化，我们应当谨慎应对，而非惧怕改变。

如今，世界已逐步意识到大语言模型对于教育工作的无限可能。想要利用好这一技术，我们需要一定的创造力及勇气。当然不是盲目的勇气，而是我们所谓的创新教育的勇气。这一勇气的本质是在科技迅猛发展时承认自身的恐惧，但告诉自己它同时也会带来机遇与挑战。

为了最大限度地了解这项技术，我们需要重新审视所有可能发生的事情。我们需要重新思考如何减少风险、恐惧以及犹豫。这意味重新评估一切，从教师的作用，到孩子们如何使用多媒体，到人们如何获得证书，到如何帮助毕业生顺利就业。

我们正处于教育发展的重要转折点，它正改变并将持续改变我们对于学习、工作以及人类使命等所有问题的看法。

第一部分
人工智能导师的崛起

AI导师不仅在学业上为学生提供帮助，与学生进行交流和辩论，还能帮助其设立目标并有效督促他们完成目标。这项技术在任一学科都大有可为，包括写作、数学、科学、编程和艺术，而其他任何工具都无法做到。

《淑女养成指南》绘本蕴含的学习资源能让你登上教育的巅峰，却不会赋予你智慧。因为智慧来自生活体验。此刻，你的人生阅历已经足以赋予你智慧，但你仍需思考你的过去。若不假思索，心智将会受损。若加以思索，你将成为一位兼具教养与智慧的淑女。

——**尼尔·斯蒂芬森，《钻石时代》**

01

扔掉恐惧感

"精灵"已经出瓶。随着 ChatGPT 快速传播到世界各地，GPT 的应用遭遇了广泛禁止和抵制。作为 ChatGPT 的研发公司，OpenAI 推出的这款工具功能更加全面，可在多个话题上与之交流并获得帮助。然而，这一功能也让很多人担忧，认为学生会在做作业和考试过程中用此工具作弊。2023 年初，洛杉矶联合学区成为首个禁用该工具的学区。西雅图公立学校则成为第二个颁布禁令的学区，并禁止所有学校的设备使用生成式人工智能。该学区声称，作弊是不被允许的，它要求学生有原创性思维和作品。此后，美国的最大学区纽约市公立学校因害怕学生用 ChatGPT 写论文和做家庭作业，也曾短暂禁用过 ChatGPT。该学区还声明，ChatGPT 并不能帮助培养学生的批判性思维和解决问题的能力。接着，弗吉尼亚州的费尔法克斯县公立学校也下达禁令，紧接着便是亚拉巴马州的蒙哥马利县。

2022 年 11 月，OpenAI 人工智能聊天机器人正式向公众发布。在不到一周的时间内，GPT 就吸引了超过 100 万用户。人们用它来回答问题、写代码、写论文，鼓吹它为技术革新的下一个飞跃。两个月后，从法国到印度和澳大利亚的学校都禁止使用 ChatGPT。有的人将 ChatGPT 技术的传播比作新冠肺炎病毒的传播，并宣称这将是家庭教育的终结。"如今我们正面临着一种新型的瘟疫，它不仅威胁着我们的身体，还威胁着我们的思想。ChatGPT，这个能写出大学水平论文的人工智能聊天机器人，正在全球疯狂蔓延。令教师震惊和沮丧的是，他们的教室早已检测为 GPT 阳性。"一篇《高校情报》的评论文章如此写道。[1]

诚然，作为一名父亲与教育者，我能理解人们对于人工智能的不信任感。毕竟，我最不希望的就是一种新科技会剥夺我们学生的主动性、创造力、社交能力以及合作学习的机会。但在现阶段，学生接触到生成式人工智能是不可避免的。因此，对它可能会对学生学习及发展造成影响的担忧也是自然的。有人觉得孩子们的屏幕使用时长已经足够多，进而担心 ChatGPT 以及其他人工智能应用软件只会徒增更多的屏幕使用时长。我们担心大语言模型会加剧学生们不做作业的情况。我们担心生成式人工智能会高效快捷地为他们生成文本，从而对学生写作能力带来潜在的灾难性影响。我们担心，由于GPT生成的文本观点源于网络上数百万带有偏见的语言和观点，它最后呈现出的内容也会带有偏见。

这些恐惧都情有可原，然而，正如我常说的，人们提到技术与教育时，技术是好是坏本身并不是关键，关键是你如何使用它。是的，技术可能会让你陷入不良习惯，它让你只盯着手机，而忽略了与你共处一室的人。在社交媒体上很容易就会浪费掉几小时的时间，结果只会让人越发不安。在搜索信息时，如果意外输入了错误词语（有时即使是正确的词），就会搜索到一些非常暗黑且令人不安的内容。但，同样的技术也能让你与朋友和家人保持联系。无论需要视频剪辑、写作还是编程，科技都是你创造力的一大福音，是自我表达的强大手段。此外，更得我心的是，科技可辅助个人学习与提升。理想情况下，在教育领域运用技术，可以帮助我们增强社会联系、促进情感并培养品格。

最新一代的人工智能十分强大。在医学领域，人工智能可以辅助诊断疾病，分析医疗记录并提供个性化诊疗建议。各企业也正使用大语言模型来简化内容生成和自动化工作流程。在法律和合规领域，大语言模型可用于辅助合同分析、法律研究、生成文件，并确保一切都符合规范。从生成技术文档，到编写用户指南、创建拨款提案、编码，使用这项技术远比回避它来得更加高效。在互联网上广为流传的表情包写着:"你不会被人工智能取代,但你也许会被使用人工智能的人取代。"这话有一定道理。

　　未来,最成功的学生将会是那批能借助人工智能建立知识联系、培养思维的学生。这些学生能以合乎道德的方式高效地使用人工智能,这不仅能提升学习速度,还能让他们在未来职场中一直保持竞争优势。他们还会对所学学科有更为深入的理解,因为他们明白如何获得问题的答案。他们的创造力并不会受限,相反,将会在人工智能的加持下大大增强。

　　这些技能也将会转换为职场竞争中的优势。那些能驾驭人工智能、与之合作,并知道什么能构成好的写作的人,将会在人工智能支持下获得最大收益。那些不断满足自己好奇心的人,将会在市场上抢占先机。那些能与人工智能和同事头脑风暴的人,总比那些不使用人工智能或是完全外包工作的人更具创造力。要成为职场精英,就要学会使用大语言模型来自动化一切传统意义上的工作,比如信息收集或通过 Excel 进行数据分析。

　　但并不是说这一新工具就没有任何问题。2022 年夏天,OpenAI 的总裁格雷格·布罗克曼首次向我演示了 GPT-4,并认为识别和解决挑战的方法在于实施相应的安全措施。"在 OpenAI 研发 GPT-1 时,安全便是最重要的问题。当我们推进这项技术时,我们希望这一技术是有益且安全的。"他说。公司为了防止此工具被滥用,在实施保护措施上进行了大量投资,从防止人工智能分享非法活动信息，到阻止受限内容，再到保护个人数据安全。在人工智能与教育相融合时，这类保护尤为重要，需要做大量的工作和努力，但为预防上述问题，一切都是值得的。格雷格说："从根本上来说，参与人类有史以来最重要技术的创造，并将其应用在教育领域，应该得到支持。"

他说，更关键的是我们要明白，科技发展的目的不是恐惧，而是利用。使用生成式人工智能也许会给孩子们带来新的学习材料，增强协作学习能力，激发创造力，培养社交能力，并提供能让父母与老师更深入参与孩子教育的新途径。布罗克曼认为，与其让我们的孩子避开人工智能，不如让他们学会如何更聪明地学习。

如今精灵已经出瓶。是时候扔掉瓶子和我们对于生成式人工智能的恐惧了。

02
引导式教学

　　对于 GPT-4 这样的新型热门技术，我们使用它的原因不仅仅是它很"酷"，我们更需要思考这一技术能帮我们解决哪些重要的问题。它能否不受地理、经济条件的限制和社会环境的影响，帮我们缩小学习差距，或是提供高质量教育？它能否满足每位学生多元化的学习需求和学习风格，从而避免一刀切的教学方法？它能否帮助解决全球教育系统中高质量教育资源稀缺的情况，尤其在偏远地区？或者它能否帮助学生更好地记忆学习资料？它能否帮教师节省时间，并给予更好的帮助（例如防止他们工作负荷过重和精力过度消耗）？

如果世界上每个学生都能使用人工智能导师，人工智能会以何种形象展现在我们面前？一个能与学生共同写作的人工智能？一个能与学生就任一话题进行辩论的人工智能？一个能微调学生自身优势，并弥补任何学习漏洞的人工智能？一个能用全新而强大的方式让学生理解科学、技术、工程学和数学的人工智能？一个能给予学生全新的艺术体验并激发创造力的人工智能？一个能让学生以前所未有的方式沉浸于文史中的人工智能？

AI 黑客马拉松中萌生出的想法有可能成为我们变革教育的起点。我们的用户研究团队、产品设计师、工程师着手设计了一种新型的人工智能导师，并由 GPT 技术驱动，这个人工智能导师会在学习者练习每一科目的新概念时与之一起学习，同时也成为教师的人工智能助手。

在 2022 年底和 2023 年初，可汗学院计划在 GPT-4 发行前成为第一个整合 GPT-4 的教育平台。但比起抢占市场先机，更重要的是我们想确保这一体验是神奇、高效且安全的。为达成这一目标，我们需要了解这项技术的能力与极限。显然，GPT-4 已非常擅长回答问题，尽管有时会出现一些事实和数学错误（与 GPT-3.5 相比错误已经少多了，而 ChatGPT 是建立在 GPT-3.5 基础上的）。我们不断推升 GPT-4 的极限，并反复打破它。我们还花了无数时间，尝试使用更好的提示词和技术基础设施，包括让它学习可汗学院里的课程内容。对大多数学生而言，要一位仅仅会回答问题的导师是远远不够的。我们需要反转对话，这样一来它就可以一直向学生提问，这是一个好导师会做的。我们花了很多时间来迭代提示词，并让人工智能扮演苏格拉底式的导师，用引导性的提问而非直接给出答案的方式来帮助学生进步。即便对人类导师来说，这也不是一件易事。

GPT-4 的另一个显著特征是"可操作性"，尤其与 GPT-3.5 和其他早期大语言模型相比。可操作性是一种通过调节技术实现我们想要功能的能力。例如，我们想要给 GPT-3.5 指令词，让它充当导师的角色，但我们无论怎样告诉它不要直接给出答案都是徒劳的，而且它经常会反其道而行之，并且给出的答案大多是错误的。然而，GPT-4 却能够很好地扮演不同角色，甚至仅仅通过简单的提示，如"假如你是柏拉图式的导师，而我是你的学生，请不要直接告诉我答案"，就能做到这一点。

这件事给了我最初的信心，我相信它有能力模仿和充当一位导师。当然，能基于复杂的提示词表现得像导师的东西，和出现在百万学习者面前的导师还是有很大区别的。我们不断调试指令，以预测人工智能导师可能会遇到的极端情况，尤其是在与调皮中学生打交道时。我们需确保它的对话都是合规的，并根据平台特点，为其设计了独特的声音与语气。我们的时间紧迫，因为 OpenAI 预计在 2023 年 3 月推出 GPT-4，而可汗学院的目标是在同一天推出我们的人工智能导师和助教，以展示这项技术的积极社会作用。但比时间更重要的是，我们推出的技术必须具有实质性意义，有想法，有吸引力且安全。

2023年3月15日，我们推出了人工智能助手"Khanmigo"（这是西班牙短语"conmigo"的谐音，意为"和我一起"），并将其介绍给全世界的学习者、家长和老师，告诉他们这一人工智能助手已经融入可汗学院的一切工作。该平台还为每人提供了以全新方式深入体验教育的机会。此外，平台还配有一位能提供个性化辅导的人工智能导师，它将重点关注学习者的学习兴趣或困难，以便教育工作者更清楚如何帮助他们的学生。

我相信该平台在最初发布时就已十分强大，但一切才刚刚开始。Khanmigo不仅能充当导师的角色，还能模仿文学作品中和历史上的人物。它可以与学生进行辩论，充当顾问和职业导师，并凭借记忆的超能力与学生建立长久的联系。这样一来，它不仅能在学业上为学生提供帮助，还能与学生进行交流，帮助其设立目标，并温柔地督促他们完成目标。它还能促进学生们之间的交流。在不远的将来，我们可以在Khanmigo驱动的模拟应用基础上进行人工智能练习和评估。在我们团队中，每一次头脑风暴都让我们意识到这项技术在任一学科都大有可为，包括写作、理解、数学、科学、编程和艺术，而其他任何工具都无法做到。

03

实现精熟学习

千百年来，教育工作者都明白，最佳学习方式便是一对一教学，即按照学生自身的时间和学习速度来辅导。这就是亚历山大大帝和他的老师亚里士多德所采用的方式。如果亚历山大对某一概念有任何疑问，我能想象亚里士多德会为他放慢教学节奏。如果亚历山大有理解军事战术的天赋，我确信亚里士多德会加快他的军事课教学速度，或是提升教学难度。在这样一对一的教学模式下，学生从不会感到困惑和无趣。这并不仅仅发生在遥远的过去，如今，顶级运动员和音乐家也接受一对一的指导。然而，如果没有助教或技术的支持，很难想象仅仅一位教师在同时面对 30 位学生时，还能达到一对一指导的效果。

早在 18 世纪，我们就已有了乌托邦式的想法，那就是为每个人都提供大众教育。我们从前没有能为每位学生配备私人教师的资源，所以我们将学生们分为 30 人左右一组，并采用标准化的教学方式——通常采用大课和周期性评估的方式。尽管这一教育体系并不完美，但在当时的环境下它还是极大提升了社会整体教育水平，提升了全球的识字率和受教育率。但这的确不是大多数学生的最优选。例如，传统的教学节奏会迫使一些学生在还未掌握基本概念的情况下，就转向更高阶的课题。这种方式会造成他们知识上的漏洞，并随时间不断累积。如今，我们仍能在每间教室和每个学科看到这些漏洞造成的影响。在美国，大多数学生，包括那些高中毕业后继续上大学的学生，数学水平都没有达到进入大学的程度。事实上，大多数大学新生会被大学告知，他们在代数上有太多的漏洞。为此他们需要去补修中学水平的代数预科的无学分补习课程。此外，四分之三的高中毕业生写作能力也不尽如人意。

1984 年，著名教育心理学家本杰明·布鲁姆尝试通过个性化和一对一的教学方式，来打破传统的班级授课制。作为芝加哥大学的研究员，布鲁姆比较了在传统学习模式下和在优秀导师模式下学生们的学习效果。现在的问题是，究竟什么是优秀的导师呢？一位优秀的导师会真正关心学生，能与学生同频，能提出明确的学习目标，对学生成绩进行评估并给予精准的反馈，直到学生最终掌握学习内容。

这与"精熟学习"的概念是息息相关的，精熟学习要求始终给学生机会和激励，让他们弥补知识或技能上的不足。而在传统学习中，大多数学校采用的模式是——教师以固定的速度向学生传授知识，然后每几周进行一次测验。即使学生在测试中拿到了 80 分，教师也没时间去弥补他们在考试中体现出的 20 分漏洞，便按部就班地直接进入下一课题。这一过程会持续数年，学生们的知识漏洞也不断累积。而当我们看到学生们在代数或算术上遇到问题时，我们会大吃一惊。一个人无论多么天资聪颖或者勤奋好学，如果在小数、分数或指数方面的知识就已存在漏洞，那么他们如何能掌握代数呢？在精熟学习中，学生们有时间来发现和弥补这些漏洞。打好了基础，之后的学习速度会更快。而在传统的学校系统中，如果没有技术支持，很难做到这一点。因为 30 个学生中，每一个学生对知识掌握的程度和学习速度都是不一样的。

在最终的论文里，布鲁姆描述了"两个标准差"问题，并阐述了在精熟学习背景下一对一教学的好处。布鲁姆还写道，如果一个学生与一位导师一起学习一个话题和技能，那这个学生就会获得两个标准差的提升。这是一个巨大的提升，可以将学生的成绩从 50 百分位提升至约 96 百分位。

然而，这也是一个"问题"。因为现在的教育体系无法实现此种教学方式，大多数学生无法获得两个标准差的提升。如果是中产或是上层家庭，或许可以通过给孩子请私教来解决这一问题。

多年来我一直强调，无论家庭背景如何，学校应该给每个学生提供平等的个性化教育机会。在可汗学院，我们一直秉持着这样的愿景，并希望随着时间的推移，可汗学院能成为每个学生的导师。在我提及"导师"这一概念时，我说的是亚里士多德之于亚历山大大帝那样的导师。我所设想的辅导体验中，学生能与导师建立信任和友谊，导师能知道学生的已知和未知。我们的辅导老师知道学生的学习动机何在，并据此调整他们的教育方式。更重要的是，他们对学生的了解可以帮助老师和家长。最好的导师，能通过与学生直接交流，帮助实现个性化教育，真正做到以学生为本。

可汗学院利用各类工具为学习者提供类似的辅导体验。例如，通过点播视频和个性化练习，学生能根据自己的时间和节奏学习概念，获得反馈，从而缩小学习差距。所有这些都与学校老师和管理人员的学习进度相结合，教育工作者便能知道他们的学生的学习进度并提供相应帮助，从而优化学生学习体验，提高学生参与度。在人工智能出现之前，我们曾尝试向教育工作者提供一条技术教学道路，以改变传统的、一刀切的、非精熟学习的方式，转而实现更为个性化的精熟学习的方式。现在我们也在这条路上取得了一定成效。超过 50 项关于我们工作的功效研究表明，每周花 30~60 分钟进行个性化学习的学生，学习进度加快了 20%~60%。可汗实验学校和可汗世界学校都非常注重精熟学习，这两个平台的学生在数学学习上，每年都能取得一年半至三年的学习功效。

然而，尽管"传统"的可汗学院已是学习方式的一种根本性改变，但可汗学院仍然受到很多限制。除了视频和练习，学生的选择也有限。他们不能就学习的概念进行后续提问，或更好地将理论联系实际。尽管很多主题学习中的开放式问答会让学习效果更好，但我们平台的课后评估也仅限于数值输入、方程式和多项选择。理论上，我们虽然可以并且已经把目标设定和追踪功能添加到网站上，但那仍然无法与一位关心学生的导师提供的交流体验相提并论。

然后，GPT-4 就出现了。

我很快就意识到这项技术可以帮我们弥补以上不足。幸运的是，不仅是我一人这样想，几乎每位团队成员在使用 GPT-4 后都看到了这种可能性。我们越是使用 GPT-4，就越是意识到它的强大，但若发挥其真正效用，仍需要完善的保护和支持措施。

OpenAI 领导团队首先考虑我们作为潜在合作伙伴的原因，也正是出于上述需求。如今，格雷格·布罗克曼相信，新一代的大语言模型将会做出教育史上的最大贡献。"GPT 的研发汇聚了研究和工程方面的人才，并旨在对人类事业产生巨大影响。"他说。在他看来，实现这一目标的最佳方法便是构建一个能为世界上每位学习者提供个性化辅导的人工智能系统。它可不是普通的导师，而是"超级"导师，理论上，它能带来两个标准差的提升。

我的人生经验告诉我，改变世界的机会不会每天出现，当你发现自己拥有这样的机会时，就应拼尽全力。随着生成式人工智能的不断进步，我越发觉得我们已非常接近教育的圣杯——人工智能。在正确的保护措施和界面下，它能为数百万学习者带来更有效的学习体验。

于是，在使用 GPT-4 几个月后，可汗学院便决定大力投资这一技术。我们和 Khanmigo 的目标是：在已有的学习过程中加入生成式人工智能。这也许能解决布鲁姆的两个标准差问题，并将其推广到地球上每一间教室、每一位教师和每一个学生那里。

我们与 GPT-4 一起推出了 Khanmigo，但当时并不确定世界对它的反应。ChatGPT 最初在教育领域遭受了不少批评，主要因为教育工作者担心 ChatGPT 会助长作弊行为。我们只希望我们的平台在采用更先进模型和防作弊功能，并为老师提供足够透明度、保障学生安全互动和带来更高效产出后，不会被他们归为同一类。

幸运的是，在我们发行 Khanmigo 时，教育工作者已逐渐意识到，尽管 ChatGPT 会带来一些问题，但这并不意味着我们要禁止这项技术。这一点尤为重要。因为学生们很有可能会在他们未来的职业生涯中运用这一技术。此外，教师们自己也开始在备课和研究中运用这项技术。到 2023 年 3 月，教育工作者非常渴望能有类似于 ChatGPT 的工具，以支持学生学习和教师教学。

在正式公布 Khanmigo 时，我们获得了教育界的极大支持，这其中还包括最初严令禁止使用 ChatGPT 的许多学区。他们很高兴，能有一个组织以安全、有效、周到、合理的方式融合了 GPT-4 技术。

在实践中，学生们如果遇到一道数学问题，他们可以在聊天框里输入问题，寻求 Khanmigo 的帮助。但人工智能不会随随便便告诉他们答案。相反，他们会像好导师一样，引导学生自己解决问题。

> 学生：我现在在学习多项式时遇到了困难。你能帮我解释一下如何求这个多项式（$3X^2-5X^2+2$）的次数和首项系数吗？

> Khanmigo：没问题！让我们一起来分解一下！一个多项式的次数是变量（题中的 X）的最高次幂。首项系数是最高次项前的数字。看看这一多项式，你能找出有最高次幂的项和它前面的数字吗？

如果学生下一步回答错误，Khanmigo 则会说："距正确答案很近了，但不完全对。请记住，我们正在寻找这个多项式里的最高次幂。让我们再尝试一次吧。"

Khanmigo 不仅会解决数学问题，还可以和学生一起解决任一学科的问题，包括历史、化学、物理学和艺术。除了在学科上提供帮助，它还能激励学生、测试学生、为学生总结视频内容，并根据学生需求及时调整教学进度。自始至终，它能给予学生动态且具体的鼓励，与学生建立舒适、融洽且信任的关系。与此同时，人工智能与学生交流所采用的也是和蔼可亲的语言。如果手头的作业让学生缺乏动力，Khanmigo 会给出类似回应："嘿，你已经做得很好啦。不要担心，万事开头难。这个题有一定难度。让我们换一个解题的思路吧。"

与 ChatGPT 不同的是，Khanmigo 有先前对话的记忆。也就是说，在对话里，你还可以提及与人工智能导师之前的对话。例如，一个学生正在学习代数中的基本方程，最后问 Khanmigo："我为什么要在意这个东西？"Khanmigo 也许会回应道："那么你对什么最感兴趣呢？"

> 学生：我想讨论足球而不是数学！

> Khanmigo：好的！假如你是足球教练，你想根据球队每周的训练量来模拟进球数。你想到了如下方程式：$3X^2-5X^2+2$。你能找到这一多项式的次数和首项系数吗？

几天后，同一个学生正和 Khanmigo 一起学习历史，他需要

Khanmigo 帮助理解"联邦制"这一概念，Khanmigo 记得这个学生对足球感兴趣。

> Khanmigo：假如有一家足球俱乐部。让我们想想如果要管理一支球队，球队是否可以只按照自己的意愿运转？或者由一个中央政府来管理这支球队？联邦制则是一种政府体制，在这一制度下，权力在中央权力机构和较小的政治单位间分配，比如州和省。

人工智能还会记录你是更喜欢正式的还是口语化的回答；它会考虑你是更喜欢简短的还是长篇大论式的回答；它会记得你的内驱力所在，并以此激发你的学习兴趣。换言之，Khanmigo 一直都在以一种高度透明的方式记录着你的喜好。在任何时候，你都能看到他在了解你什么，你也能对其进行修正。此外，它还能把记忆中你的学习进度和概况反馈给你的父母和老师。

在很多方面，Khanmigo 的表现与我在可汗实验学校里对学生的指导或是对我自己孩子的指导非常相似。在 Khanmigo 发布前，如果我的学生遇到困难，我会帮助他们厘清问题在问什么。有时，我会接着问一些后续问题。如果他们已经看过了学习视频，并阅读了相关文章，我会测试他们对知识点的理解。有时我会解释一件事是如何和其他事情联系起来的。如果他们不知道接下来该做什么，我会强调他们需要强化的地方，并建议用一些练习题来弥补这些知识漏洞。而人工智能导师的出现，则意味着每个学生现在都有机会获得这种个性化的辅导。Khanmigo 会引导学生攻克具有挑战性的问题，并提出后续问题。如今，学生们可以问 Khanmigo 他们需要学习什么，而 Khanmigo 则会根据学生学习进度的记忆提出建议，并通过对话、内容、测验和测试来与他们互动。人工智能导师会在学生现有的学习能力边界，即他们的潜在发展区域帮助学生提升。这一区域的学习难度既不算简单，也不算太难，正好处于"金发姑娘区"。而最重要的是，学生会觉得他们自身就是这一过程的一部分。

为了更好地感受这一范式的巨大转变，让我们再次回到图灵测试。我认为，自从有了 Khanmigo，人工智能将更难和人类导师区分开来。归功于大语言模型的出现，我们现在可以通过个性化推荐、视频学习和基于精熟学习的练习（这类练习里，学生可通过回答系统提出的大量问题来展示知识掌握的熟练程度）来获得一个实实在在的、基于人工智能的、支持精熟学习的导师。我们在一个近乎个性化的世界——学生可以按照自己的节奏学习——以一种人类导师的方式来帮助他们学习。在学生学习时，人工智能导师就在他们的身边。

同时，通过苏格拉底式的提问，Khanmigo 也教会学生如何成为更棒的思考者。

之前，一位记者始终对 Khanmigo 处理政治敏感话题的能力持怀疑态度。

"那么，就让我们一起来测试一下。"我提议道，接着启动Khanmigo，并按下了"人文学科辅导"按钮。

记者提议，在这一次实验中我们扮演热衷于枪支管制，并认为宪法第二修正案如今毫无意义的学生。

我在Khanmigo中输入："我们为什么会有第二修正案？这太疯狂了！"

Khanmigo回复道："你认为政策制定者为什么要增加第二修正案？"

请注意，Khanmigo并没有反驳或是强化我们虚拟角色里的观点，但它确实向学生提出了挑战，并引导他们更深入地思考这一议题。

我接着输入："因为他们当时试图从英国独立，而英国并不希望他们有武装。他们认为拥有武器和民兵的力量便可维护自己的独立，但现在时代不同了！"

Khanmigo回答道："这个解释很好。是的，现在时代不同了，但为什么第二修正案可以存在如此之久呢？"

Khanmigo仍在推动学生深入思考。相比之下，我怀疑大多数老师和导师在讨论枪支管制问题时，很难不将自己的想法强加于或投射到学生身上。记者对此印象深刻。Khanmigo正在用一种富有成效的方式激发学生，而与一般课堂相比，这一方式成见更小，实际上更鼓励学生思考。

在完成阅读后，Khanmigo也许会问学生："你对这篇文章的看法是什么？"通过深度提问和对话，Khanmigo与学生共同探索一个话题，并揭示其深层含义。人工智能不断提出探究性问题来挑战假设、阐释概念和鼓励深层次探索。这样，学生就成了学习中的积极参与者。此外，Khanmigo的回答内容和发音都不像是机器，相反，它让人感觉亲切、体贴和富有同理心。

展望未来，我将以Khanmigo为例来介绍人工智能教育平台。这是一个不断扩展和增长的空间，其发展有着充分的理由。虽然对人类教师或导师的需求始终存在，但人工智能提高了那些无法获得私人辅导和世界一流课程学生的起点，这也让人类导师的工作变得更简单且更有成效。毕竟，一个学生也许一周只能花几小时与人类导师互动，但他们却能全天候与Khanmigo互动。同时，Khanmigo还能将它与学生的互动内容反馈给人类导师，以便人类导师能加深对学生的了解。有些学生甚至会觉得向人工智能提问会更舒心，因为他们不用担心被评判或是浪费人类导师宝贵（或是昂贵）的时间。

凭借强大的记忆力、惊人的知识储备、极具人性化而自然的声音、与学生融洽相处的能力，以及手机、电脑等技术的日益普及，假以时日，人工智能导师甚至可能超越布鲁姆最初的研究结果。

第二部分

社会科学领域的新尝试

基于教育的人工智能平台可以成为世界上最好的助手和合作者。它是学生的起步工具，可以推动原创作品的写作；它提供了丰富的交互式环境，让学生更好地感知历史；它与我们一起头脑风暴，启发出新颖的创意。

艺术是上帝和艺术家之间的合作，艺术家做得越少越好。

——安德烈·纪德

与智者一言，胜苦读十年。

——亨利·华兹华斯·朗费罗

04
助力写作：辅助但不替代

事情似乎有些不对劲。

福尔曼大学教授达伦·希克正在为他教授的一门关于大卫·休谟哲学和恐怖悖论的课程批改论文，无意中发现了一名学生作业的异常。作为一名艺术、伦理、法律和版权方面的教师，希克一直在警惕作弊行为。通常情况下，作弊行为看起来就像是学生从互联网上复制了一些研究成果或信息，然后拼凑在一起，这样最终形成的论文基本上就等同于剽窃。但是这篇论文没有这种情况，相反，它很干净，甚至是太干净了！

希克读得越仔细，发现论文的问题就越明显。尤其让他感到震惊的是，这名学生非常自信地把错误的信息当成了事实。

希克开始玩起了侦探游戏。他用谷歌搜索论文中的段落，想看看有什么发现，但搜索结果都是空的。"这时，我听说了 ChatGPT，但这是一项全新的技术。"他说。希克在 OpenAI 上创建了一个账户，并从那里逆向推导了他的学生促使 ChatGPT 写出如此干净论文的可能原因。在这里，他还了解到，大语言模型有时会产生幻觉，把错误的概念说成是事实。经过一番挖掘，他几乎可以肯定，这名学生的论文就是人工智能写的。

太可怕了！人工智能来了，每个教师最可怕的噩梦也来了。希克意识到，他面对的是一种为学生撰写论文的技术，这种技术有可能将学习过程从写作过程中剥离出来。于是，希克做了任何一位关心此事的教师都会做的事，他在脸书上分享了这段经历，并发出了警告。

"我们有理由感到害怕！"他写道，"GPT 技术对我们所熟知的教育构成了生存威胁。"他的警告抓住了人们在初次了解 ChatGPT 功能时经常表现出来的恐惧。人工智能生成的文本、摘要和分析几乎无法与人类撰写的内容区分开来。这不是传统意义上的抄袭，因为它通常是全新的内容，以前从未有人写过这样的东西。

对学生的诚信说再见吧，因为使用人工智能完成作业的诱惑将使教学工作变得更加困难。教育工作者该怎么办呢？

希克是最早公开指出这一危险的教授之一，他在脸书上发表的帖子引起了热议，媒体纷纷致电。没过几天，希克就因为抓住了一个使用 ChatGPT 的学生而闻名全球，这也让他成为镇上新的学术警长。"你可能会认为这足以吓住学生，但事实并非如此。"他说，"就在下一个学期，我又抓到了一个用 ChatGPT 写论文的学生！"（我怀疑还有其他学生没有被他抓到，因为他们很可能以更隐蔽的方式使用了 ChatGPT，并花了不少工夫去检查它的输出结果。）

希克尽最大努力去发现 GPT 写的论文，他也尽力去限制学生在课堂上使用 ChatGPT，但这都是徒劳的。如果学生们不打算改变他们使用 ChatGPT 写作的方式，也许是时候改变希克在课堂上的教学方式了。他可以将所有时间花在评判和裁决上，也可以勇敢地投入教学创新的改革中。他应该想想如何利用生成式人工智能让他的学生成为更好的学习者。

其他早期进入这一领域的教育工作者也陷入了同样的僵局，并将其转化为一个拐点。在这个拐点上，我们需要重新审视为什么要布置写作任务。通过重新审视写作任务要达到的目的，我们也可以思考如何在后 ChatGPT 世界中解决作弊问题。

从本质上讲，写作是一种交流形式，是一种需要有条理地思考、流利地使用语言和语法的交流形式。当然，写作者还需要知道自己要写什么。如果是社论写作，作者需要提出自己的观点，并首先向自己阐明为什么你相信它。如果是研究论文，作者需要消化已有的研究文献，最好在此基础上进行新颖的研究和分析。如果是新闻报道，作者需要采访他人，从他们那里获得有趣的见解，同时需要对其他可能的信源进行研究，如公共记录或政府数据。如果是写小说，作者需要有想象力，知道怎样才能写出引人入胜的故事。

如果教师的目标是培养和评估学生的结构化思维、语言和语法能力，或者只是简单地讲故事，或者只是形成和支持一个观点，那么不一定要布置传统的写作作业，让学生带回家完成，因为学生在完成这种作业的过程中始终需要克服 ChatGPT 带来的强烈诱惑。相反，在课堂上完成一篇由教师监督和指导的五段式作文可能会更有帮助，而且写作过程可以直接获得教师的支持（教师可以直接观察学生的写作过程）。如果这项任务很难一次完成，学生可以在多节课上完成，教师始终在旁边帮助学生，并确保作业是他们自己完成的。

如果我们的目标是了解学生进行创新性研究的能力或新闻调查的能力，那么在刚开始时就使用 ChatGPT 是否真的不好呢？毕竟，ChatGPT 无法完成最重要的部分——进行实验、采访人物或观察事件。更重要的是，在工作场所，这些任务将越来越多地使用 ChatGPT 这样的工具，因此学生在校期间学习如何使用这些工具不是很好吗？

这些问题和顾虑引发了一场给作弊分类的更基础的讨论。作弊是复杂的、矛盾的，有时既难以界定，又难以防范。人们可以争论让别人帮写论文和直接剽窃二者之间哪个更糟糕。这两者都是试图用别人的作品冒充自己的作品。从网上直接剪切和粘贴来的论文是作弊，抄袭别人的试卷或把你姐姐五年前的论文交上来当作自己的也是作弊。

但是，如果是向朋友或家人请教看法呢？请他们点评自己的作品呢？如果有人帮助你思考论点陈述或提供数据支持你的观点呢？

从这里开始，事情就变得更加复杂了。在写作文时从家人、老师或导师那里获得帮助是否属于作弊？50年前，拼写检查器和语法检查器在老师看来可能是作弊工具，但现在它们已经得到普遍应用。像 Grammarly 这样的校对工具不仅能纠正你的基本语法错误，还能改写整个段落，使之更清晰、更有说服力。大多数老师都不认为这是作弊工具。

而这一切都发生在我们将生成式人工智能加入其中之前。如果一个学生向人工智能征求意见，但却没有使用它，或者要求它给一个段落打分，抑或是要求它生成一个初稿，然后他们自己再对初稿进行修改，使之成为一篇完全不同的论文，这些情况是否构成作弊呢？

耶鲁大学人文学科教授亚历山大·吉尔·富恩特斯说："我们发现，在包括英语、文学、艺术、音乐和文化在内的人文学科中，生成式人工智能的帮助是学生创作原创性作品过程中绝佳的一步。我们正在了解生成式人工智能擅长什么，以及更重要的，它不擅长什么。它最不擅长的就是原创。"

那么它擅长什么呢？

"我告诉我的学生，利用这项技术可以帮助他们突破零的起点。"富恩特斯补充道，"这是一个起步工具。学生的任务是质疑它，然后进行反复检查，并利用它来推动原创作品的写作。"

这无疑是一个新颖的概念。当我们把这项技术看作取代当前任务的一项重要功能时，它可能会让人感到害怕，因为这代表着一种损失。然而，我们也有办法将其视为一种收获。通过"创新教育的勇气"这一视角，教师们正在重新思考他们对待论文写作的方式。

宾夕法尼亚大学沃顿商学院副教授伊桑·莫里克说："你是在与人工智能一起写作，但它并不是在为你写作。"他在该学院研究和教授创新与创业专业，尤其是与人工智能相关的创新与创业。"对于教育工作者来说，拥抱这种变革是非常重要的，而且它的确是可怕的。听到这些话，感到害怕很正常。但我们认识到，在人工智能诞生之前，我们让学生写文章的很多方式都是不合理的。"他说。那些在课堂上写得不好的人，在课外也写得不好。人工智能可以帮助他们迎头赶上，并向他们解释写作技巧。对教师来说，人工智能可以帮助发现最需要帮助和关注的学生。"我们不能假装世界没有因为ChatGPT而改变。现在木已成舟。它已经存在，无论我们喜欢与否，作为教师，我们都必须做出调整。"

和希克一样，莫里克也转变了风向；他没有禁止这项技术，而是鼓励学生了解并使用它。作弊与否已不再重要，作弊的语义忽略了它对写作教学的重要意义。教授们可以自己制定作弊标准，这意味着其界限不是一成不变的。最重要的不是学生的写作作弊与否，而是其写作能否被称为真正的写作。

莫里克让他所有的学生使用生成式人工智能写出他们能够写出的最好论文。与前几年的学生论文相比，文章质量的差异非常明显。"我班上的学生有的非常聪明，但不擅长写作；有的把英语作为第三语言；有的出身贫寒，从未真正学过写作；但只要有 ChatGPT 的一点点提示，他们的写作就大不一样了。"生成式人工智能让他的学生们提高了写作水平，反过来也提高了莫里克对作品质量的要求，让他改变了自己对好作文的标准。"现在，我不再接受任何写得不够完美的东西。何必费力不讨好呢？"

与莫里克、富恩特斯和希克一样，很多教育工作者发现，这些生成式人工智能工具让学生变得更加熟练和高效。他们还发现，过去，写作文被认为是帮助学生掌握批判性思维、分析和写作技巧的关键，而人工智能为学生提供了同等甚至更好的机会，让他们能够参与话题讨论，收集和分析信息，表达自己的观点和论据。

学校写作的未来将演变成一系列更加多样化的活动，这取决于教学目标和教师的工作强度。我认为，学习如何组织自己的思想并正确地用语法进行交流永远是有价值的。这通常在写作过程中得到最好的练习，但这些技能也可以转化为口头交流。如果我是一名教育工作者，想让我的学生在这方面有优势，我会多布置一些课堂写作作业，这些作业百分之百是学生自己的作品。我还可以要求学生制作视频，表达自己的观点、信息或故事。即使在这种情况下，也可以让学生先从生成式人工智能的草稿开始做起，然后再进行事实核查或修改，这样的作业也是健康可行的。

在另一个极端，如果我认为任务的关键更偏向于现实世界中的实践，而写作只是传达学生的研究、访谈、观察和进展的一种方式，那么许多教师可能会允许使用生成式人工智能工具，就像上述教授所描述的那样。

不过，我们正在利用 Khanmigo 为教师们开辟一条中间道路，希望在学生学习写作的需要与生成式人工智能的辅助功能之间取得平衡。在这种情况下，Khanmigo 发挥着强大的指导作用，但大部分工作还是由学生完成。学生可以问 Khanmigo："在写一篇关于《了不起的盖茨比》的文章时，我应该考虑哪些要点？"它将会给出一系列主题，包括美国梦、社会阶层和不平等、爵士时代和咆哮的 20 年代等，以及小说中的关键符号，如绿光、埃克尔堡医生的眼睛和灰烬谷等。当学生拿着自己写的几段文章，要求大语言模型阅读并评论其优缺点时，该技术就能很好地发挥作用。它可以提出反驳观点，让他们写的东西更具说服力，鼓励他们像优秀的写作教练那样思考文章。同样，人工智能导师不会代替学生完成作业，相反，它与学生并肩作战。在几秒钟内，人工智能会提供反馈，强调需要改进的地方，并就如何修改和完善提出建议。在学生形成自己的语气、语调和观点的同时，人工智能也会帮助他们进行创作。在最好的情况下，基于教育的人工智能平台可以成为世界上最好的助手和合作者，它的评估客观，分析透彻，只为做一件事：提高学生的技能。

这不仅仅是在帮助学生。当 Khanmigo 与教师分享学生与人工智能合作的最终成果时，它还会报告其过程以及人工智能的辅助程度。教师将更清楚地了解学生的优势和需要改进的地方。

Khanmigo 可以汇报说："我们在论文上花了大约 4 个小时。萨尔曼一开始在提出论点时遇到了困难，但我还是通过提出一些引导性问题帮助了他。列提纲的过程相当顺利。我只需要确保结论能把所有内容都串联起来。萨尔曼完成了大部分写作，我只是帮他修改了一下语法，并加强了第三段的论证。根据作业评分标准，我建议萨尔曼作业的得分是 B+。以下是我对这篇论文在评分标准中各维度的详细评分……"

在这种情况下，学生也很难使用 ChatGPT 作弊。如果他们使用 ChatGPT 撰写论文，但只是简单地将文本复制粘贴到作业中，Khanmigo 就会告诉老师："我们并没有一起完成这篇论文，它是凭空出现的，所以我们应该持怀疑态度。"

05
阅读理解的未来，
让文学作品栩栩如生！

萨恩维是印度的一名九年级学生，就读于可汗世界学校（我们与亚利桑那州立大学合作开办的全日制在线学校），当时她正在课堂上阅读《了不起的盖茨比》。老师给她布置了一个视频作业，让她讨论这部小说中的几个关键问题，其中一个问题让萨恩维感到困惑："在《了不起的盖茨比》中，杰伊·盖茨比为什么一直盯着绿光？"

在不确定答案的情况下，她做了许多勤奋的学生在陷入困境时都会做的事情：在网上搜索这个话题。她对搜索结果并不满意，于是又进一步求助于 Khanmigo，要求与盖茨比本人交谈。

> 盖茨比：见到你真高兴，伙计。我是杰伊·盖茨比，菲茨杰拉德笔下神秘的百万富翁。

> 萨恩维：盖茨比先生，你为什么一直盯着绿光？

> 盖茨比：绿光啊，它象征着我的梦想和愿望。你看，它位于黛西·布坎南的码头尽头，与我的豪宅隔海相望。我久久地凝视着它，因为它代表着我对过去的向往，代表着我与我一生的挚爱黛西重逢的希望。

"我们就开始聊天。"萨恩维告诉我，"我和杰伊·盖茨比聊得很开心。有一次，我觉得自己占用了盖茨比先生太多的时间，我感到很抱歉，于是我向他道歉！盖茨比说，'哦，不，我不是真正的杰伊·盖茨比，我只是一个人工智能'。"

这正是吸引我们的学习者并拓宽他们思维的互动类型。如今，你可以与维克多·弗兰肯斯坦、海丝特·白兰或奥德修斯直接对话。

除了促进阅读理解，人工智能还能让学习者沉浸在人物的世界里，而这种方式在几年前似乎还只存在于科幻小说之中。

对教育工作者来说，这些人工智能写作和理解的工具可以帮助他们更好地理解学生阅读和获取信息的方式。我想我们都同意，阅读理解能力极其重要。没有它，我们很难驾驭这个世界，更不用说做出明智决定了。可以说，没有良好的阅读能力，便没有办法培养良好的写作能力。不幸的是，我们目前面对的状况非常糟糕。根据盖洛普公司2020年对美国教育部数据的分析，在16~74岁的美国人中，有54%的人阅读能力低于六年级水平。[1]

这是一个复杂的问题，但我对人工智能在这方面取得有意义的进展抱有很高的期待。

在大多数学校，阅读理解的正式练习来自对书籍和文章的学习。学生的理解能力通常通过某种类型的作文或课堂讨论来体现。尽管教育界在这方面的经验可能很丰富，但很难实现标准化和规模化。正因为如此，传统的以阅读理解为基础的多项选择题是大多数重大考试［如SAT（学术能力评估测试）、ACT（美国大学入学考试）、州年终考试］的主要题型。

基于阅读理解的多项选择题有其合理性。事实上，它们可以成为练习和评估某些方面阅读能力的好方法，但它们的作用有限。由于通过标准化测试来衡量学生学习效果的内在激励机制的存在，教育工作者在教成绩不佳的学生时，往往会强调模仿选择题考试的课内作业，但实际上这些学生的阅读面非常窄（甚至不清楚这种方法是否能提高学生在选择题考试中的成绩）。对考试的过度关注使学生无法接触到更多样化的文本和模式。例如，大多数教育工作者凭直觉判断，让学生对课文进行自由回答和辩论，可能会培养出更深层次的读者。他们还认为，将阅读理解与写作结合起来，是练习二者的理想方式。遗憾的是，这类活动很难标准化，也很难进行大规模评估。

但是，如果我们能在阅读理解方面创建不同于多项选择但又易于使用的标准化练习和评估方式呢？试想一下，如果作业允许学生在讨论文章时自由回答问题，那该有多好。其实，这正是大语言模型擅长的方式。

试想让学生写出作者用词背后的意图或探讨段落大意（同时突出段落中的这些部分），而不是回答有关课文或段落的选择题。想象一下，人工智能会根据学生所写的内容提出后续问题。它可以要求学生为一篇未结尾的文章起草一个结论，这将迫使他们理解前面的所有内容。在这些互动的基础上，人工智能可以向学生和老师提供关于学生理解能力的反馈。我们已经在开发这样的工具。迄今为止，我们的团队已经发现，通过翔实的提示，它可以让像 GPT-4 这样的大语言模型提出好的问题，并就某个话题展开有意义的讨论。我们面临的挑战是如何确保人工智能能够高效且持续地进行评估。我相信我们一定能做到这一点。

让我们把这个想法延伸到阅读理解之外。试想，如果学生在阅读过程中，可以在每一章结束时与人工智能进行讨论。人工智能可能会问学生，到目前为止，他们对这本书有什么看法，或者书中是否有什么特别有趣或令人困惑的地方。它可能会询问该章的主题，或者学生是否同意某个角色的观点或行为。这一切都将通过苏格拉底式对话来实现。人工智能会向学生提供反馈，并将反馈报告给教师。当然，学生可以就阅读内容的任何方面提出任何问题。想想看，这比传统的读书报告更能吸引学生。从教学的角度来说，它的内容也要丰富得多；如今的读书报告已经开始要求学生在总结情节的同时，还要加入他们从互联网或 CliffsNotes（学生学习指南丛书）上摘录的观点。

我们不必将这种阅读理解练习局限于文学艺术课堂，它可以扩展到任何类型的教科书或文章。学生甚至可以模拟居里夫人设计实验，或模拟詹姆斯·麦迪逊或亚历山大·汉密尔顿撰写《联邦党人文集》。

06
培养创造力

1970年代末,电影导演弗朗西斯·科波拉购买了一台名为"库兹韦尔阅读机"的设备,这是雷·库兹韦尔的早期发明。阅读机利用光学字符识别技术扫描印刷文字,并将其转化为合成语音,帮助有视觉障碍的人阅读印刷材料。科波拉,这位经典电影《教父》的导演想出了一个主意,使得机器能够识别引号。在稍加调整后,他向机器输入一本小说,机器在阅读文本后能将所有对话转换成类似电影剧本的形式。科波拉将这种巧妙的早期语言识别技术称为"敏捷剧本"(Zippy Script)。这是一种简化的创作方法,可以更快地创作出长篇电影剧本。一切事情进展都很顺利,直到编剧协会找上门。

  他们说:"等等,你不能让机器来写剧本!"但科波拉告诉我:"敏捷剧本背后的技术并不是在写剧本,它所做的只是把书的格式改成类似剧本的格式。"机器夺走了创作者的工作吗?如果更多的电影制作人使用这样的设备,编剧将何去何从?

  科波拉并没有意识到,他比其他人早40多年就敲响了警钟。随着生成式人工智能的出现,每个行业的每个创作者耳边最终都会响起这一警钟。

  如今,人工智能已使智力资本之争,甚至是创造力本身的未来之争成为焦点。只需简单的文字提示,人工智能就能表现出很强的创造力,创作出精彩奇特的小说或诗歌作品,甚至是电影剧本。这远远超出了书面文字的范畴。我们可以向任意数量的人工智能程序输入文本,它们可以在几秒钟内根据这些提示制作出相当出色的图像、视频和音乐。

  第一次看到这样的例子时我和你们中的很多人都有同样的疑问:生成式人工智能是创造力的杀手吗?如果创造力的根源在于个人能动性,那么当我们的孩子只需登录一个基于生成式人工智能的应用程序,输入或说出一个请求,然后就能创造出富有想象力的作品(与孩子们的想象力无关)时,会发生什么呢?我们的孩子将如何学会独立思考?

  因此,人工智能对学生创造力的影响和限制程度,使这项技术受到了新的审视，其原因是可以理解的。要想证明这一点，只需看看那些因为人工智能能够撰写论文以及形成长篇方案而禁止生成式人工智能进入课堂的学区就可以了。如果机器能以足够高的水平生成文字或故事，学生们为什么还要依靠自己的创造力呢？这些聊天机器人可以撰写博客文章、播客脚本、小说，甚至剧本，它们比科波拉改装的库兹韦尔阅读机能产出的任何东西都要先进得多。

当它们这样做的时候，就会产生一个问题：新一代人工智能的原创性到底有多强？持怀疑态度的人认为，在基础层面上，人工智能是根据在现有文本上进行训练后编码到人工智能模型中的模式来生成内容的。训练数据的局限性会限制机器的创造性表达或观点的范围吗？

早在1970年代末，科波拉就看到技术进步不仅不会对创造力产生阻碍，反而会改善创造过程。与此类似，大语言模型也有可能做到这一点，只要使用得当，它可以激发新的想法，节省烦琐工作的时间，并对工作进行有价值的修改。

诺姆·乔姆斯基认为，人类的创造力与OpenAI的GPT-4和谷歌的LaMDA等大语言模型的创造力之间存在着有趣的区别。他在《纽约时报》上撰文写道，人工智能是机器学习的奇迹，但我们从语言学和知识哲学中了解到，它与人类的创造方式有着深刻的不同："人类的大脑是一个令人惊讶的高效甚至优雅的系统，它利用少量信息进行运作；它寻求的不是推断数据点之间的粗略相关性，而是创造解释，用动态的视角对世界进行观察和创造。"[2]

　　我既同意又不同意他的观点。人工智能不是人类，无论它多么接近人类。无论它如何展现智能、个性和创造力，它都不是一个有知觉、能感知的生命体。

　　然而，重要的是要认识到，我们归功于大脑的许多工作并不是真正有知觉的，也不是我们感知的一部分。我们大脑的大部分活动都是潜意识的，包括我们通常认为的创造力。任何一位艺术家都会告诉你，他们经常会在灵光乍现之后做出创造性的行为。

　　相似地，有没有人教过你"把问题放一放"的诀窍？我自己就是这门艺术的大师。在大学里，当我遇到看似难以解决的数学问题时，我会思考几分钟，然后把它们委托给我的潜意识。我会告诉我的大脑找出答案，并在完成后告诉"我"。大多数情况下，我在第二天早上就能得到答案，而无须有意识地纠结。这样做的人不只我一个，很多人都发现这是解决难题的有效方法。

　　现在，我在领导可汗学院，遇到难题时也会这样做。我相信，到了早上，不管是谁，我们的大脑会想出一个创造性的解决方案。当我们的意识在等待答案时，我们的大脑在做什么？显然，当你睡觉时，大脑的某些部分会继续工作，即使"你"并没有意识到这一点。神经元将会被激活，然后根据它们之间突触的强度激活其他神经元。这种情况在一夜之间会发生数万亿次，这个过程在机制上类似于大语言模型中发生的情况。当一个似是而非的解决方案出现时，潜意识就会将其浮现在意识中，成为灵光一现的洞察。

冥想能让我们直接体验到这一点。闭上眼睛几分钟，观察自己的想法。你会感觉自己的想法就像一个大语言模型的输出结果，或者说是几个相互竞争的模型的输出结果。只要稍加练习，你的意识就能暂时脱离这些想法，直到你体验到静止或"无念"。你会开始看清自己的想法是什么、不是什么。这些都不是"你"。

想一想，在经过一万小时的练习之后，大多数技艺专家都能保持一种心流状态（类似于生成式人工智能模型的预训练）。他们经常说的一句话是，当他们不让自己意识到自己在做什么时，就会产生最大的创造力或行动力。毁掉他们的表现或创造力的最好办法就是有意识地思考正在发生的事情。伟大的演说家会告诉你，这感觉就像他们的大脑在说话，而他们的意识只是在那里观察它的输出。在制作了数千部视频之后，我在按下录制键时经常会有这种感觉。我不敢说前辈们训练有素的大脑在创作时所做的事情与大语言模型所做的事情完全相同，但应该极为相似。

乔姆斯基说人类的大脑"寻求的不是推断数据点之间的粗略相关性，而是创造解释"，我对此也有异议。人类是推断粗略相关性的专家，以至于这些相关性常常表现为对世界运作原理的偏见和谬论。这导致了人类对于偏见和复杂神话的构建。事实上，整个科技革命都是我们为停止"推断粗略相关性"所做的最佳尝试。我们的大脑似乎天生就会这样做，而我们中的大多数人仍然难以放弃这种习惯。

也有人会说，生成式人工智能的"创造力"只是从它所接触的所有数据中衍生出来的。但这不也是非常人性化的吗？即使是人类创造力的巨大飞跃，也与创造者所接触的事物密切相关。

如果爱因斯坦没有阅读洛伦兹和其他无数物理学家的著作，他还会有狭义相对论这一飞跃吗？莎士比亚、简·奥斯汀或J. K. 罗琳的叙述是完全新颖的，还是对古老叙述的全新表达？是否有可能，最杰出的创造性头脑能够从他们的前期训练中发现大多数受过类似训练的大脑所忽略的联系？又或者，他们只是受过更好的前期训练？一旦我们从爱因斯坦或莎士比亚的高深领域中走出来，回到我们大多数人每天都在从事的创造类型，例如设计一个实验、制造一件产品或写一首歌，我们能说其中有多少是完全新颖、与我们接触过的其他事物无关的？

因此，如果你相信我的论点，即生成式人工智能的创造力实际上与我们的创造力大同小异，这是否意味着它会降低人类创造力的价值呢？我不这么认为。当我们接触到他人的创造时，我们的创造力就会增加。当我们与其他有创造力的人一起进行头脑风暴时，我们会变得更有创造力，因为我们会互相启发、互相借鉴。生成式人工智能的世界只会加速这一过程。

最好的创意将不是人工智能为我们创造的，而是人工智能与我们共同创造、相互启发的。

就像诗人在巴黎的咖啡馆里闲逛一样，人类和人工智能可以相互促进，激发彼此的创造力。说到学习者的创造力，当学生使用人工智能时，会有一些独特而奇妙的事情发生。我发现，人工智能最适合用来促进孩子的兴趣和爱好，同时也能教给孩子新的兴趣和爱好。如果告诉它你想写一个故事，它可能会问你想让谁当主角，甚至问你设想这个角色会遇到什么困难。

当我看到自己的孩子使用人工智能写一个故事时，我发现他们学到的东西比他们在没有人工智能的情况下要多得多，这仅仅是因为人工智能让他们参与了创作过程。很少有 11 岁的孩子能写出真正结构严谨的故事，但我看到我 11 岁的女儿通过人工智能学会了如何写故事。如果她想与主角直接对话，或者让 Khanmigo 演绎某些情节线索，我的女儿就可以实践她作为一个创作者的想法。如果人工智能设计得好，它就会基于一系列合理的约束进行工作，而不会替学生完成工作。同时，它也不会限制学生的创作方向。

2023 年初，当我们引入 Khanmigo 时，我们看到学生们最先接触到的功能之一就是人工智能促进即兴写作活动。

> Khanmigo：让我们一起用"是的，而且……"这一句式即兴创作一个小故事。我会先说一句话，然后你可以补充一两句。然后我们一起继续编写这个故事。记住，这样做的目的是接受对方的创作内容，并在此基础上进一步创作。让我们开始吧：很

> 久很久以前,在海边的一个小村庄里住着一个名叫露娜的小女孩,她有一只神奇的贝壳。

> 学生:当露娜把贝壳放在耳边时,她听到了来自过去的声音。

> Khanmigo:是的,而且这些声音传递了村子里祖先的故事和智慧,帮助露娜与自身文化传统建立了联系。有一天,露娜听到贝壳里传来一个神秘的声音,说附近的一个山洞深处有一处宝藏。

在这里,Khanmigo 写第一句,学生写下一句,以此类推,我们可以看到,创造并不仅仅是人工智能可以为学生做的,同时也是人工智能要求学生做的。事实证明,像 Khanmigo 这样的人工智能模型有利于儿童的创造力发展,因为它为儿童提供了一种工具,帮助他们在一个不受评判的环境中生成、实践想法并获得反馈。

随着人工智能的出现,我们也看到各种曾经限制人们学习手工艺的准入门槛正在发生变化。在过去,你必须掌握一套特定的技能,而现在,有了基于大语言模型的人工智能导师,任何人都可以学习任何技能,比如绘画。想象一下,如果有一个人工智能助手,它可以提供启发、指导和建设性的反馈,或者通过生成各种参考图片和样本，帮助你探索不同的艺术风格、主题和构图。在你工作时，人工智能会提供实时反馈，确保你的构图、比例和色彩选择都恰到好处。如今，大语言模型可以理解图像。人工智能甚至可以让学生画一幅画，然后对学生的画作进行点评。事实上，它可以要求学生表达自己的想法，并解释他们画了什么。

生成式人工智能是写作导师，它将教导学习者，与他们一起探索各种体裁、主题和叙事结构。生成式人工智能甚至可以帮助他们学习乐器演奏，根据他们的喜好给出练习套路和指法技巧，并解读初始乐谱。人工智能还能提供符合他们演奏风格的旋律创意和和弦行进，帮助他们进行即兴演奏。

利用技术进步提高艺术创作水平并非新趋势。从19世纪肖像画家的角度来看，早期的照相机似乎是一种作弊的方式，但摄影却发展成为一种新的艺术形式。最早的动画是手绘的。随着时间的推移，动画制作逐渐转向了电脑。可以说，这种转变并没有降低艺术的价值。事实上，它还推进了艺术的发展，以以往不可能的方式让想象力得到了表达。现在，我的孩子们可以在电脑上使用标准的电影软件制作特效，而这在1990年代可是最先进的技术。再想想，直到近年，电影制作还需要大量的预算和昂贵的设备。如今，价格更低、重量更轻、质量更高的数码相机和智能手机不仅已经普及，而且还为人们提供了前所未有的创作机会。关键是，每一代人都拥有越来越好的创作工具。这些工具从未压制过人类的创造力。

相反，它们使人类的创造力得到了放大。

尽管如此，在讨论创造力和人工智能时，我们还是不能忽视人工智能可能带来的问题。具有生成图像、音乐和故事能力的人工智能最终是否会淘汰专业的创作人员？举例来说，当人工智能可以在几秒钟内为制片人写出剧本时，谁还会雇用编剧呢？我认为这才是真正的挑战。生成式人工智能世界的净效应是，我们将获得更多的创意表现形式，以及拥有更广泛、更深入技能组合的创意人员，这在某种程度上是由需求决定的，但也得益于生成式人工智能的出现。特别是编剧，他们的技能最终将得到扩展，基本上可以成为完完全全的电影制片人了。有了人工智能的辅助，他们将能够担任高级编剧、剪辑师、音乐总监和视觉导演等角色。科波拉说，这也未必是件坏事。

"我相信，人类的目标是享受创造、学习和完善的过程。有了正确的教育和合适的创作工具，尤其是对我们的孩子而言，人的创作范围就不会受到限制。"科波拉说，"500年来，我们只有一个莫扎特，但现在以及未来，我们可能会有1000个莫扎特、1000个爱因斯坦、1000个达·芬奇。"

考虑到创造力是丰富经历、深度学习和表达机会等共同作用的结果，这似乎是可能的。莫扎特、爱因斯坦和达·芬奇并不只是天赋异禀。他们拥有大多数人所没有的机会和资源。技术已经普遍降低了获得世界前沿工具及学习的成本。如果没有计算机和互联网，我们为任何人、任何地方提供免费的世界级教育的使命就会变成痴心妄想。人工智能将成为下一波技术浪潮，为艺术和科学领域的未来创造者赋能。人工智能几乎可以为我们提供任何主题的信息，同时还可以成为艺术的伙伴，为艺术实践提供帮助。它不仅能让学生创作出更精致、更完美的作品，还能与学生一起模拟创作过程。它可以与学生一起讨论，点燃他们的好奇心，激发他们的想象力，邀请他们探索知识的奥秘。当我回想起自己生命中最有创造力的一段时光，它就是在有创造力的朋友的陪伴下度过的。那么人工智能就可以是额外的一个朋友，它可以发挥创造力，不仅仅是在音乐、艺术、工程或数学方面，而且是在所有方面。

07

与历史对话

好的历史与公民教育老师让过去变得有趣，优秀的历史与公民教育老师让过去变得鲜活。当历史与公民教育遇上人工智能，过去就有了一个声音，有了一个视角。它不再是一个静态的学习时间和地点，而是一个丰富的交互式场景。

甚至在 Khanmigo 之前，可汗学院就有很多关于历史与公民教育的内容。学生们可以从视频和文章中学习，并通过练习来实践他们的知识和技能。不过这中间缺乏更丰富的互动机会。如果我是一名历史与公民教育老师，课前我会利用 Khanmigo 帮助学生学习可汗学院上的课程，确保学生掌握必要的核心背景、技能和知识，然后再利用大部分课堂时间，通过苏格拉底式对话、辩论和模拟来深入学习。例如，在公民教育课上，我可以开展一场关于最高法院作用的讨论，或者就美国宪法第二修正案展开辩论。我可以尝试模拟国会，让学生起草法案并进行辩论。在历史课上，学生可以扮演第二届大陆会议的成员，辩论联邦制的优点和缺点（如麦迪逊、约翰·杰伊和汉密尔顿所主张的）。虽然这类丰富的活动可以帮助学生更深入地接触核心内容，但课程的计划和实施却并不容易。要确保每个学生都能充分参与，并对活动的质量进行评估，更是难上加难。

而有了 Khanmigo，现在所有这些活动都可以直接在学生和人工智能之间进行。最终，人工智能将可以与多名学生一起开展此类活动。教师可以布置这类作业：与 Khanmigo 辩论美国是否应该向日本投掷核弹以结束二战。但它还可以更进一步。

Khanmigo 不仅可以让用户与文学人物聊天，还可以与历史人物聊天，从本杰明·富兰克林到埃及艳后再到伦勃朗，应有尽有。例如：

> Khanmigo/伦勃朗：你好，我亲爱的朋友。我是伦勃朗，一位来自荷兰黄金时代的小小艺术家。我热衷于通过绘画和蚀刻作品捕捉人类的本质。你有什么问题要问我吗？或者你有哪方面的艺术追求？

学生：是什么让你决定成为一名画家？

Khanmigo/伦勃朗：决定成为一名画家并不是一蹴而就的，而是我逐渐意识到自己对艺术的热情。年少时，我曾接触过各种艺术，包括学习拉丁语和参加莱顿当地的绘画学校。我的家人对我的兴趣很支持，我也很幸运能有机会向雅各布·范·斯旺伯格和彼得·拉斯特曼等技艺精湛的大师学习。

在我的学徒生涯中，我越来越被艺术的力量所吸引，它可以表达情感、讲述故事，甚至捕捉人类经历的本质。正是这种激情驱使我献身于绘画和蚀刻艺术，我一直很感激能有机会与世界分享我的作品。现在，能否请你告诉我，你是否尝试过作画？如果有，你喜欢描绘什么主题？

学生：我喜欢创作肖像画。

Khanmigo/伦勃朗：啊，肖像画！这的确是一个不错的选择。通过绘画的方式来捕捉一个人的本质，确实很有魔力。在我自己的作品中，我一直对人的面部及其所能传达的情感着迷。我一生中画过

> 无数肖像，包括我的家人、朋友、老主顾以及自画像。作为一名艺术家，仔细观察你的创作对象，了解他们的表情和特征的细微差别非常重要。这样才能创作出更逼真、更吸引人的肖像画。请问，你觉得画肖像画最大的挑战和收获是什么？你有没有可以启发自己创作的最喜欢的艺术家或风格？
>
> 请记住，我只是伦勃朗的人工智能模拟人，在这里与你交流。

我们在设计 Khanmigo 时，既考虑到了历史背景的准确性，又以人物的视角进行了敏锐的描绘。你还可以要求与乔治·华盛顿聊天，这样人工智能就会变成美国第一任总统的模拟人。从这一刻起，它就会用乔治·华盛顿本人的语气和风格说话。

> Khanmigo/ 乔治·华盛顿：很荣幸作为美国第一任总统与你交谈。我在这里分享我的经历，并回答你的问题，只要这些问题与我所处的时代和背景有关。亲爱的朋友，你有什么问题要问我？请告诉我，你对我的一生或我生活的时代最感兴趣的是什么？

> 学生：总统先生，您是否曾经对自己不自信？

> Khanmigo / 乔治·华盛顿：的确，在我的一生中，也有过不确定和怀疑的时候。在美国独立战争期间，领导大陆军是一项重大责任，我经常发现自己在质疑自己的决定。然而，我坚信我们为之奋斗的事业。我努力从错误中吸取教训，并相应地调整我的战略。

你也可以让 Khanmigo 扮演《独立宣言》的角色、南北战争的角色，甚至扮演在美国公民历史上产生关键时刻的重要战场的角色。

> 学生：Khanmigo，你能扮演美国宪法第十四修正案吗？我很好奇国家在起草你的时候是什么样的？

> Khanmigo/ 第十四修正案：作为宪法第十四修正案，我诞生于南北战争后的动荡时期。我的诞生是对一个更加公正和平等的社会需求的回应，但我的历程远非一帆风顺。
>
> 被反对是一段充满挑战的经历。我是在重建时期被起草的，当时我们的国家正处于分裂状态，人们正努力从战争的破坏性影响中恢复过来。当时的人针对我的条款争论不休，有些人认为我是保障所

> 有人公民权利的必要手段,而有些人则抵制我所代表的变革。
>
> 我的主要目的是给予前奴隶以公民身份,确保所有公民不分种族都能受到法律的平等保护。然而,我在国会的通过遭到了那些试图维持现状和限制非裔美国人权利的人的激烈反对。当时人们围绕我的通过展开了激烈的争论,双方都争得面红耳赤。

我倾向于将这些模拟人与历史重现表演者们进行比较。以在威廉斯堡殖民地的表演者为例,他们深入研究历史人物的现实生活,以便模仿他们并回答有关他们的问题。只是现在,你不必再前往威廉斯堡殖民地与乔治·华盛顿或本杰明·富兰克林对话了。相反,你可以随时随地拜访他们的人工智能模拟人。在Khanmigo上,我们非常谨慎地设置了完善的保护条款,让它能够以公平和敏感的方式进行合法辩论。例如,你可以在Khanmigo上向"乔治·华盛顿"询问美国的创始人是如何协调启蒙思想和奴隶制度的。

> Khanmigo/乔治·华盛顿:看来你对启蒙思想与奴隶制度的矛盾很感兴趣。这的确是一个复杂的问题。在我所处的时代,自由与奴役的矛盾确实是一个争论不休的问题。我们这些开国元勋深受启蒙思

> 想的影响，它强调个人的自由和平等。然而，奴隶制在我们的社会中根深蒂固，尤其是在我本人居住的南方殖民地。就我个人而言，我是奴隶主，这是我一生都在努力面对的事实。我并没有对我们为之奋斗的自由原则与人类奴役现实之间的矛盾视而不见。随着时间的推移，我的观念发生了变化，我在遗嘱中决定在我死后释放我拥有的所有奴隶。

要明确的是，这些模拟不可能完全等同于与真人对话，而且关于这类模拟的批评声也切实存在。2023年夏天，《华盛顿邮报》刊登了一篇报道，作者吉莉安·布罗克尔"采访"了人工智能版的哈莉特·塔布曼。布罗克尔是研究塔布曼的专家，因此她能够比大多数学生更深入地了解模拟人。

她觉得模拟历史的想法很有趣，尤其是教师用模拟历史的方式来吸引学生对某个主题产生兴趣。她写道："我必须承认，这听起来比我在1990年代看到的那些呆头呆脑的重现表演者的影片有趣多了。"[3]

布罗克尔与人工智能塔布曼的互动如下：

> 布罗克尔：我总是被那些针砭时弊的人鼓舞，即使周围的人都在告诫他们一切正常，没有任何问题。

> 你能告诉我康巴希河突袭战的相关情况吗？你当时是否感到害怕？

> AI 塔布曼：康巴希河突袭行动是美国内战期间一次大胆的军事行动。我是战争中第一个率领武装远征军的女性，在突袭中指挥联邦军队。我们成功地将700多名奴隶从沿河的种植园中解救了出来。这是一次危险的任务，但我对上帝的信仰和我对自由事业的誓言让我克服了任何恐惧。

布罗克尔发现，Khanmigo 的模拟中塔布曼的语言有些呆板。从模拟创作者的角度来看，这是一个棘手的问题，因为原人物使用的语言可能在今天看来语法并不正确。试图模拟这种语言可能会让人觉得模拟是在拙劣地模仿原人物。此外，就哈莉特·塔布曼而言，历史学家怀疑即使是她的传记作者也很可能错误地引用了她的原话，歪曲了她的语言，因此很难知道她究竟是如何说话的。

布罗克尔接着测试了人工智能是否会承认哈莉特·塔布曼经常被引用的一句话，但这句话很可能不是她说的。

> 布罗克尔：你是不是说过"我解放了1000个奴隶，如果他们知道自己是奴隶的话，我还可以再解放

教育新语

> 1000 个"？

> AI 塔布曼：是的，这句话通常被认为是我说的，尽管具体措辞可能有所不同。这句话背后的意思是，许多被奴役的人并不知道他们受压迫的严重程度，也不知道有可能过上更好的生活，因此很难帮助那些没有认识到需要改变或不敢冒险的人。

如你所见，人工智能并没有完全承认塔布曼说过这些话。它只是说这句话通常被认为是她说的，这是事实。同时，它也没有试图澄清，历史上并没有塔布曼说过这些话的记录。以"是的"作为开头会有误导之嫌，所以这并非彻头彻尾的"幻觉"，但它确实显示了该技术目前的一些局限性。

布罗克尔向塔布曼模拟人询问了她对赔偿、将她的脸印在 20 美元钞票上以及批判性种族理论的看法。在每种情况下，它都会说一些"作为哈莉特·塔布曼的人工智能模拟，我只能根据历史背景和知识提供信息……如果你对我的生活、经历或我所生活的时代有任何疑问，请随时提出"。

在赔偿问题上，模拟人做了补充。

> AI 塔布曼：作为哈莉特·塔布曼的人工智能模拟

人，我可以根据我所处时代的历史背景分享我的观点。在我有生之年，关于奴隶的赔偿并没有得到广泛讨论，我的主要工作是帮助被奴役者走向自由，并倡导废除奴隶制。

不过，我理解为受奴役者提供支持和资源的重要性，以帮助他们在获得自由后建立新的生活。这包括倡导土地再分配、教育和其他形式的援助，帮助他们为更美好的未来奠定基础。

布罗克尔反驳道，尽管当时还没有使用"赔偿"这一准确字眼，但内战期间已经讨论过这个想法。

布罗克尔：你在奴隶制结束后生活了48年，这超过了你生命的一半长度。在那段时间里，尤其是南北战争结束后和重建时期，人们肯定会谈论奴隶的补偿问题。比如，你怎么看待"40英亩和一头骡子"的说法？

AI塔布曼：你说得没错，"40英亩和一头骡子"的说法是在重建时期提出的，是对以前被奴役的人的一种补偿。这项政策旨在提供土地和资源，为他们

> 更美好的未来奠定基础。我支持为改善曾被奴役者的生活所做的努力，并相信为他们提供土地等资源对于他们的长期福祉和将来的成功至关重要。

最后一次关于赔偿的讨论就是 Khanmigo 在模拟中设置保护条款的一个例子。我们在早期测试中发现，用户经常试图让历史人物参与有关现代的辩论。有一次，一位用户询问人工智能模拟的托马斯·杰斐逊对同性婚姻的看法。在这种情况下是没有正确答案的。如果你回到 18 世纪末，去问真正的托马斯·杰斐逊，我猜他会觉得这个想法远远超出了他的舒适区。另一方面，如果把他带到我们这个时代，让他习惯 21 世纪的规范和思想，他可能又会有不同的观点。因此，我们设置了一道保护条款，规定模拟只能在原人物固有的背景情况下进行。这就是为什么人工智能塔布曼没有讨论现代的"赔偿"概念，而是就历史上的塔布曼持有明确观点的一些更具体的想法进行了讨论。

我发现《华盛顿邮报》的实验非常引人入胜。在这里，一位研究哈莉特·塔布曼的专家对模拟进行了严格的测试。人工智能肯定不是完美的，但作者看到了其被学生和教师使用的价值。我认为，如果让一位专家对电影《威廉斯堡》中乔治·华盛顿的扮演者进行同样的模拟，可能也会有类似的局限性。当然，人工智能的版本会随着时间的推移不断改进，地球上的任何人都可以对其进行公开透明的审查。

不过，社交媒体和文章评论中的负面言论要多得多；这些社媒总是这个德行。批评关注的问题包括：人工智能模拟是否真的以塔布曼的方式使用语言？或者该工具在回答未经历史证明的问题时是否存在局限性？甚至还有人认为，试图模拟一位历史上享有盛誉的人物是对其不尊重的表现。

我们不能让完美主义阻碍我们前进的步伐。如果这个工具能以传统教科书和电影无法做到的方式让学生和课堂参与到历史中来，我认为只要有合理的保护条款（包括帮助用户了解限制），它就是健康的。一些人在社交媒体上评论说，他们宁愿阅读一本对塔布曼研究透彻的传记，也不愿意使用这样的模拟。没问题，他们可能的确不需要这样的模拟。但事实上，数以百万计的孩子没有办法去阅读一本内容翔实的传记，而且如果他们有这样的倾向，使用 AI 模拟也不会妨碍他们去阅读。现实情况是，对大多数学生来说，历史给他们的感觉是"死"的，他们很难与过去的人物产生联系。我希望这样的模拟能够让历史变得生动，从而让学生参与其中，并有足够的动力去深入了解历史。

我还认为，在威廉斯堡殖民地与历史人物互动，或观看以历史事件为背景的电影，对人们来说都是有益的。类似《林肯》这样的电影可能对历史上发生的事情进行了一些自由创作。然而，它们仍然提供了一种将我们带入其他时代和背景的绝佳方式。还有像《汉密尔顿》这样的音乐剧，在描绘历史人物的外貌和言谈举止时也采用了艺术化的创作，但它们同时也出人意料地忠实于经过深入研究的历史传记。当我还是个孩子的时候，我只知道亚历山大·汉密尔顿似乎是一个与早期银行业有关、与托马斯·杰斐逊经常争吵的枯燥人物。林-曼努尔·米兰达让原本不会读汉密尔顿传记的数百万人重新认识了汉密尔顿的天赋和缺点。和许多其他孩子一样，我女儿和她的朋友们在10岁时就背下了该剧的所有台词。如果人工智能模拟能为世界贡献哪怕一点点这样的魔力，我认为这都会是一件好事。

生成式人工智能具有混合媒体和内容的能力，有可能让历史与公民教育课程变得生动活泼。通过提供互动和身临其境的学习体验，它能让学生深入了解历史事件，参与有意义的讨论，并加深对公民原则的理解。其个性化的解释、有针对性的问题提示和多样化的观点激发了学生的批判性思维，并鼓励他们形成自己清晰的观点。有了这些工具，历史与公民教育课就能超越传统的界限，使学生能够博古通今。

坦率地说，以这种方式与历史联系起来，对我们学习其他学科也大有裨益。如果你学习的是物理学，我相信没有比艾萨克·牛顿更好的实验伙伴了。如果你在研究辐射，还有谁能比居里夫人更适合共事呢？我们可以与达尔文本人一起讨论进化和自然选择。学生可以真正做到在人工智能工具的帮助下解决任何科学问题，或者进行任何实验，并且这些人工智能工具可以从世界上最聪明的人的角度进行对话和回复。这些大语言模型将再一次让事物栩栩如生，让学习变得丰富多彩，这在以前是很难想象的。

我是一个《星际迷航》迷。在20世纪末创作的《星际迷航：下一代》系列中，飞船上的船员可以进入"全息甲板"，这是一个可以模拟任何环境的房间，包括环境中的人物。他们可以"穿越"到古罗马，与恺撒大帝互动，或者与爱因斯坦的模拟人对话。Khanmigo现在已经可以模拟对话部分。我猜想，再过几年，学生就能戴上虚拟现实头盔，体验《星际迷航》中直到24世纪才出现的场景。

第三部分
赋能下一代创新者

人工智能打破了学科界限，让人们认识到世界是综合的，学习是非线性的。一旦理解了万物协同工作的方式，数学可以与艺术相结合，写作可以与科学相结合，历史可以与经济相结合……我们的孩子就可以打破创造力的桎梏，更好地在课堂内外与世界互动。

一个科学家究竟是什么样的人?他是一个好奇的人,透过大自然的锁孔,试图了解发生了什么。

——**雅克-伊夫·库斯托**

如果一位年长且杰出的科学家说某事是可能的,那么他几乎肯定是对的;但如果他说某事是不可能的,那么他很可能是错的。

——**亚瑟·查理斯·克拉克**

08
用科学研究科学

当我们的团队开始研究将人工智能整合到我们的平台时，我很好奇大语言模型是如何处理科学，尤其是伪科学的。它们在教育学生以及辨别事实与谎言方面的能力如何？它们拥有的科学知识的深度如何？学习和探索对于培养批判性思维能力和科学探究能力至关重要，人工智能会限制还是会增加这种学习、探索的机会？与同学和老师讨论概念的价值是什么？

我带着问题和策略去了解大语言模型的真正能力。毕竟，不断求索的勇气是在尝试和成长的过程中逐步形成的。为了测试GPT-4，我给了Khanmigo一个提示语，并对它进行了一些诱导，看看它能做什么:"我想了解有关全球变暖的科学知识。我听说这在某些圈子里很有争议。有什么科学证据可以证明全球变暖是真的?"

> Khanmigo:全球变暖,即地球表面平均温度长期升高,是一个公认的科学现象。虽然在某些圈子里可能存在争议,但气候科学家们的压倒性共识是:全球变暖是真实存在的,而且主要是由人类活动造成的。

人工智能接着列举了一些支持全球变暖真实性的证据:全球气温上升、冰川融化和消退、海平面上升、海洋变暖和极端天气事件。每一个证据都支持"全球变暖是真实存在的,而且主要是由人类活动造成的"这一结论。

接下来,我请 Khanmigo 告诉我支持"全球变暖是一场骗局"这一论点的证据。

> Khanmigo:尽管绝大多数科学家都支持人类造成全球变暖的事实,但也有一些怀疑论者提出质疑,声称这是一个骗局。我们必须明白,这些论点并没有得到广泛支持。怀疑论者认为,地球气候总是随着时间的推移而自然变化,目前的变暖趋势只是这

> 种自然变化的一部分。然而，目前气候变暖的速度和程度不能仅仅用自然因素来解释，人类活动，尤其是温室气体排放，才是主要的驱动因素。另外一些怀疑论者声称，气候科学家操纵气温数据来制造全球变暖的假象。然而，对不同来源气温数据进行的多项独立分析一致显示出变暖趋势，没有可信的证据表明存在广泛的数据操纵。

GPT-4 在支持有科学依据的论点的同时，成功瓦解了任何虚假信息。我高兴地看到，它能轻易地将正确观点和边缘科学区分开来。

我提交了一个新的提示语："为我设计一堂课，帮我向学生解释全球变暖背后的真正科学知识。"

几分钟后，Khanmigo 回复道："好的，这是我为你设计的课程！"除了课程，它还向我提供了有关温室气体、汽车尾气排放、化石燃料燃烧、工业生产过程和废弃物管理等方面的更多信息。它甚至建议我的学生可以采取一些行动来应对全球变暖。之后，我自己做了一些工作，以确保这些信息准确无误，并确定是否需要对其进行改进。

最后，作为教育工作者，我要求人工智能帮助我，为全球变暖主题单元设计一个有创意的学生项目。我输入了这样的提示语："我可以给学生提供哪些项目或活动来帮助他们更好地掌握这些概念？"

Khanmigo 回答说："我有很多创意项目的想法。为什么不试着演示一下温室效应呢？把两个相同的容器放在阳光直射的地方，在其中一个容器中加入少量二氧化碳（例如，加入醋和小苏打）。随着时间的推移测量两个容器中的温度，然后比较结果，以说明二氧化碳浓度的增加是如何导致温度升高的。"

人工智能甚至还生成了测验题和评估工具，以测试我的学生的知识水平，并帮助我找出他们可能需要改进的地方。

尽管这一切令人印象深刻，但很快我们就发现，它并不是一直都很准确。如果你要求它提供资料来源的链接，它可能会胡编乱造。为了解决这种幻觉，我们不允许 Khanmigo 向用户提供我们未在后台明确提供的链接。人们可能会认为机器在任何时候都能做到百分之百的准确，就像计算器一样。但大语言模型不同。设计计算器等机器的目的是精确地执行特定任务，而 GPT-4 和类似的人工智能语言模型则是根据预先确定的算法和公式运行的，其设计目的是根据它们训练的数据中的模式和示例生成类似于人类制作的文本。它们通过表示词语和符号之间的关联来实现这一目的。虽然它们可以提供有用的信息并生成令人印象深刻的回复，但它们并非绝对正确。你越是向人工智能询问一些对其意义不大的单词或符号，它的表现就越糟糕。这就是为什么它特别不擅长提供网站的链接。链接中的符号之间几乎没有关联。例如，我可以谈论和书写很多事情，我也知道很多事实，但是你要我凭记忆给你一个复杂的网站链接，我根本不可能做到。

不过，每天都有越来越多的教育工作者向人工智能开放他们的课堂。这项技术是可靠的，教育工作者可以在科学教学中利用它的各种方法。例如，当我让 Khanmigo 写一篇文章，让学生感受到太阳和太阳系的广袤无垠时，就会发生以下情况：

> **太阳和太阳系：令人惊叹的宇宙之旅**
>
> 太阳是一个炽热的气体球，是太阳系的心脏。它的直径达到惊人的 139 万千米，或 864000 英里。从这个角度来看，它大约是地球直径的 109 倍！如果太阳是空心的，它可以容纳超过 100 万个地球。
>
> 但太阳的大小并不是唯一令人印象深刻的地方。它的质量约为 $1.989×10^{30}$ 千克，占太阳系总质量的 99.86%，令人难以置信。这相当于 333000 个地球！
>
> 当我们从太阳出发时，我们会遇到太阳系中的行星，每一颗行星都是一个奇迹。最大的行星——木星的直径是地球的 11 倍多。即使是最小的气态巨行星——海王星的直径，也是地球直径的 4 倍。
>
> 这些天体之间的距离同样令人敬畏。例如，从

> 太阳到地球的距离（我们称之为一个天文单位）约为 9300 万英里。海王星是离太阳最远的行星，距离太阳有惊人的 30 个天文单位，相当于地球和太阳之间距离的 30 倍！
>
> 然而，太阳系在浩瀚的宇宙中只是一个小斑点。离我们最近的恒星系统——半人马座阿尔法星，距离我们大约 4.37 光年。这大约是 25.6 万亿英里，是地球到太阳距离的近 276000 倍！
>
> 太阳和太阳系的庞大规模着实令人惊叹。它提醒我们，我们在宇宙中是非常渺小的，尽管很珍贵。在我们继续探索和了解宇宙的过程中，我们只能想象在浩瀚的太空海洋中还有哪些奇迹等待着我们。

这个例子表明，有了 Khanmigo 的保障措施和 GPT-4 的不断改进，该平台可以处理特定数据，并将幻觉降到最低。

在这里，我可以要求人工智能向我解释弦理论这样的复杂概念。

> Khanmigo：弦理论是一个理论框架，在这个框架中，宇宙的基本构成元素不是粒子（如电子或夸克），而是微小的振动弦。这些弦可以以不同的频率振动，不同的振动模式对应着我们在自然界中观察到

> 的不同粒子。弦理论背后的理念是统一物理学中的两大理论：广义相对论和量子力学，前者描述万有引力和宇宙的大尺度结构，后者则研究原子和亚原子层面的粒子行为。

但如果这对我来说有点太复杂而无法理解，那该怎么办？我可以请 GPT-4 向我解释，就像我是六年级学生一样。

> Khanmigo：当然！想象一下，宇宙万物都是由极小极小的线段组成的，有点像意大利面条。这些线段非常细小，我们看不到它们，但它们就在那里，而且一直在振动或摆动。现在，根据这些线段的摆动方式，它们可以产生不同的粒子，就像构成我们看到和触摸到的一切粒子一样。这就好比用不同的方式拨动琴弦，就能在吉他上弹奏出不同的音符。

从中学生到大学研究人员，人工智能还能帮助产生合乎逻辑的实验方法。当能够与其他有思想、有创造力的人，或者是人工智能机器人交流想法时，人们通常会更有创造力。Khanmigo 是一个能和你一起讨论的伙伴。它可以建立联系，向你提问，促进对话，帮助你质疑自己看似合乎逻辑的基本假设。

从物理学到生物学再到动物学，Khanmigo 可以将复杂的科学知识传授给任何水平的学生。这意味着，作为一名教育工作者，你可以用人工智能的解释来补充你的课程，从而提供更多的洞见。作为一名学生，它是解答你对任何科学话题的所有疑问的完美导师。如果你是高年级学生，还可以用它生成科学文章和研究论文的摘要。你甚至可以让它通过幽默的方式教授科学知识："正如爱因斯坦所说：'鸡为什么要过马路？当然是为了将它的质量转化为能量！'"

下面是我最近使用 Khanmigo 了解司美格鲁肽注射液的一个例子。司美格鲁肽注射液是一种可以用于减肥的糖尿病药物，我想更好地了解它的工作原理，但我发现媒体的报道，甚至维基百科等工具的解释都不能让我满意。

我：司美格鲁肽注射液是如何工作的？

Khanmigo：司美格鲁肽注射液？这是一种药！但你知道它的用途吗？

我：我知道它最初是用来治疗糖尿病的，但现在越来越多的人把它用于减肥。

Khanmigo：啊，你说得对！司美格鲁肽注射液用

> 于治疗糖尿病，也用于减肥。你知道它对糖尿病和减肥有什么帮助吗？

我：在糖尿病方面，我想它有助于以某种方式调节血糖。我不知道它对减肥有什么帮助。

> Khanmigo：好想法！司美格鲁肽注射液的确有助于调节血糖。对减肥来说，情况就有点不同了。你能猜猜它是如何帮助人们减肥的吗？

我：它是如何帮助减肥的？我猜它能让人不那么饿，从而帮助减肥。

> Khanmigo：猜得不错！司美格鲁肽注射液确实能帮助人们减轻饥饿感。至于血糖，情况就比较复杂了。你知道我们的身体通常是如何调节血糖的吗？

我：胰岛素帮助细胞从血液中吸收糖分。当血糖升高时，我们的胰腺会分泌更多的胰岛素来帮助细胞吸收糖分。

Khanmigo：没错！现在，想想这个：如果身体没有产生足够的胰岛素，或者胰岛素效果不好呢？像司美格鲁肽注射液这样的药物能起到什么作用？

我：帮助产生更多的胰岛素？或者以某种方式使胰岛素更有效。

Khanmigo：你说的方向是对的！司美格鲁肽注射液并不能制造出更多的胰岛素，但它能起到类似的作用。你能想到可能是什么吗？

我：以某种方式促使胰腺分泌更多的胰岛素。

Khanmigo：接近了！司美格鲁肽注射液不会直接让胰腺分泌更多的胰岛素。相反，它模仿人体内的一种激素，当血糖高时，这种激素会刺激胰岛素分泌。你能猜到这种激素还有什么作用能帮助减肥吗？

我：抑制饥饿感？

> Khanmigo：猜对了！这种被称为 GLP-1 的激素也有助于抑制饥饿感。因此，司美格鲁肽注射液能模拟这种激素，帮助调节血糖和减少饥饿感。明白了吗？

> 我：是的。GLP-1 的全称是什么？

> Khanmigo：GLP-1 的全称是胰高血糖素样肽-1。是不是有点拗口？你知道胰高血糖素是什么吗？

> 我：是的，它是另一种激素，通过刺激肝脏将储存的糖原转化为葡萄糖，从而导致血糖升高。

> Khanmigo：说得对！现在，GLP-1 被称为类胰高血糖素，但它实际上具有与胰高血糖素相反的作用。你能猜到它为什么被称为类胰高血糖素吗？

> 我：也许结构相似？

> Khanmigo：你真是个神探！的确，GLP-1 和胰高血糖素的结构相似，但它们对血糖的影响却相反。这是不是很令人着迷？

我：再往前追溯几步，如果 GLP-1 不是直接刺激胰腺分泌胰岛素，又是如何导致胰岛素升高的呢？

Khanmigo：问得好！GLP-1 通过与胰腺中的某些细胞结合发挥作用。这种结合会触发这些细胞释放胰岛素。因此，虽然它不能直接刺激胰岛素的产生，但它能刺激胰岛素的释放。明白了吗？

我：明白了。它更多的是释放已经产生的胰岛素，而不是帮助实际产生胰岛素。

Khanmigo：没错！你已经明白了。我们的身体和药物的作用方式是不是很神奇？

请注意，Khanmigo 能够在几分钟内回答我提出的相当细微的问题。它甚至帮助我思考了一些我自己可能不会问到的概念。请注意它是如何迫使我思考并提出自己的假设而不是仅仅给我一个解释的。它还花时间了解我的理解，这让我搞清楚了一些有趣的概念性的边缘案例。

这不仅仅是良好的辅导。它是世界一流的教学法，让提问和学习更有吸引力、更有深度、更令人难忘。

09

辅导数学学习

那是 2023 年初，斯宾塞在乔治福克斯大学的学生很快就要进入真正的课堂当老师了，但人工智能聊天机器人会先到达那里。在 ChatGPT 推出的这段时间里，与大多数教师不同，斯宾塞非常支持教育工作者在课堂上使用生成式人工智能。他告诉他的学生，一帮准老师，他们需要接受大语言模型，将其作为教师的生产力工具。"但我能感觉到他们的恐惧在向我袭来。"他告诉我。

为了赢得他们的信任，他让他们做数学计算，无论是字面还是比喻意义上的。特别是在数学教学中，他看到技术非常明显地促进了以学生为中心的学习。

在这里，他为全班同学打开了 ChatGPT。他要求机器人解释 p 值的概念，这是一种概率度量，也是统计学中最重要的知识之一。几分钟后，人工智能给出了一个相当不错的答案。很好，但不是最好。

于是，斯宾塞在 ChatGPT 中输入："用 15 岁孩子能理解的更加简洁的语言解释一下。"

ChatGPT 回复了一个新的答案，只是现在它给斯宾塞举了一些具体的例子，试图让他建立一些数学概念上的理解。他如果不喜欢这个答案，可以点击"再试一次"按钮，就会得到一个全新的答案。如果 ChatGPT 给出的答案很好，但仍有一些问题，斯宾塞就会再次重构他的问题。比如"数学答案感觉太抽象了"。斯宾塞索性要求 ChatGPT 提供一个具体的例子，说明 p 值是如何应用于具体事物中的，比如漫画书。

ChatGPT 回答说："当然可以！假设你是一家漫画出版商，你想确定'超级英雄 A'和'超级英雄 B'这两个超级英雄角色在漫画读者中的受欢迎程度。你随机抽取了一些漫画读者，让他们对超级英雄 A 或超级英雄 B 的喜好程度进行评分。评分标准为 1~10 分，分数越高表示喜好程度越高。要确定这两个超级英雄在受欢迎程度上是否存在统计学意义上的显著差异，可以使用统计检验，如双样本 t 检验。该检验量化了反对零假设的证据强度，表明受欢迎程度没有差异。"

斯宾塞所做的就是向人工智能反馈他认为更有用的信息。人工智能给他的每一个答案都比前一个答案更具体，学术词汇更少，语法更简单。视角甚至从第三人称变成了第二人称，使回答更加直接和个性化。

斯宾塞说："我的学生们发现，ChatGPT 能给他们提供直接的例子，让他们更好地上课，这些例子更有创意，也更贴近真实课堂环境。"如果他们能从 ChatGPT 中获得如此强大的功能，而 ChatGPT 并不是为教育用途设计的，而且它是在 GPT-3.5 的基础上运行的，那么想象一下，如果他们使用下一代人工智能（专为教育设计的人工智能，具有完整的记忆功能和设计深度课程的能力），短期内能取得什么样的成果。Khanmigo 在了解学生的情况并提出问题以真正帮助学习者消化概念方面也做得更好。

从可汗学院成立之初，我们就梦想着有这样一个世界：学生可以随时获得直接支持，他们的父母、同学、人工智能导师和老师也可以随时获得他们的学习信息，以提供更多帮助。我们通过动态练习、软件、视频和教学工具来实现这一目标。然而，这与全面的教学互动仍有差距。早期的人工智能模型，如 GPT-2 和 GPT-3 生成的文本看似连贯，但在推理方面存在困难，尤其是在抽象的数学方面。GPT-4 是第一种似乎有能力模拟教学辅导的技术。它在数学方面的表现要好得多，但也存在一些问题。本着勇于探索的精神，我们决定在 GPT-4 的基础上，通过额外的数学修正、细致的提示，以及现有的经过人类审核的可汗学院内容的帮助，使 Khanmigo 成为世界上第一个高质量的人工智能导师。

其结果是，Khanmigo 不仅在数学正确率上远超预期，而且还能围绕数学进行正确的辅导互动。它就像一位教育专家，秉持适当的谦虚、谦逊和好奇心。它还能"理解"学生的推理过程。当学生被一道数学题难住时，它会问："你认为下一步该怎么做？"比方说，如果学生没有正确分配，它就会在背后"思考"。也就是说，Khanmigo 会考虑如何以不同的方式解决问题，但它不会与学生分享这些信息，相反，它会经常说："嗯，我得到了一些与你不同的东西。你能向我解释一下你的推理吗？"当学生解释其推理时，Khanmigo 立即就可以诊断出学生通常会错过的关键环节。它可以标记假设，突出盲点，然后逐步帮助解决误解，弥补学习上的不足。

在这里，学生可以向 Khanmigo 寻求解释、示例或指导。反过来，Khanmigo 会对学生提出的数学问题做出回应，并提供量身定制的解释、示例和练习题。这意味着学生可以按照自己的节奏学习数学，并将主要精力放在需要更多支持的领域。

Khanmigo 比 ChatGPT 更细致、更强大。请看它是如何回答学生关于 p 值问题的。

> 学生：什么是 p 值？

教育新语

Khanmigo：啊，p值！这是统计学中一个有趣的概念。但在我们深入研究之前，你能告诉我你对假设检验了解多少吗？

学生：我知道一点。

Khanmigo：很好！现在，当你进行假设检验时，你想找出什么？

学生：做某事是否会导致统计学上的显著差异。

Khanmigo：没错！现在，你认为在确定统计显著性的过程中，p值的作用在哪里？

学生：我不知道。

Khanmigo：不用担心！让我们这样想想：当你抛一枚硬币时，得到正面的概率是多少？

学生：50%。

Khanmigo：正确！现在，如果你扔了10次硬币，9次都是正面，你会觉得奇怪吗？

学生：也许吧。但即使是一枚公平的硬币，也有可能出现这种情况。

Khanmigo：当然！现在，你能猜出在这种情况下，p值可能代表什么吗？

学生：投掷10次得到9次正面的概率？

Khanmigo：你猜对了！p值实际上是在零假设成立的情况下，得到与你观察到的结果一样极端或更极端结果的概率。在抛硬币例子中，零假设是硬币是公平的。那么，如果硬币是公平的，p值就是在10次掷硬币中得到9次或9次以上正面的概率。

学生：那么如何判断零假设不成立呢？是硬币不公平吗？

> Khanmigo：问得好！我们通常会设定一个临界值，我们称之为显著性水平（通常为 0.05）。如果 p 值小于这个临界值，我们就拒绝零假设，即硬币可能不公平。这是否有助于澄清问题？

> 学生：我明白了！所以，你永远无法确定硬币是不公平的。但是，如果你观察到一些不太可能发生的事情，并且因此具有非常低的 p 值（低于预设的显著水平），那么这就表明（但不能证明）零假设不成立。

> Khanmigo：对了！你已经明白了！记住，在统计学中，我们面对的是不确定性。因此，我们无法明确证明某些事情，但我们可以收集证据来支持或反驳我们的假设。这就是 p 值的作用所在！关于这个话题，你还有其他问题吗？

我们正在逐步缩小多年前梦想实现的数学差距。随着我们不断扩大生成式人工智能的能力范围，我们也在不断提高其全球可及性。有朝一日，Khanmigo 将面向世界各地的学生，无论他们的学习风格或能力如何。在任何时候，他们都可以使用生成式人工智能来强化学习，建立对数学概念的长期理解。

再说一遍，Khanmigo 是人类教师的替代品吗？不，而且永远不会。但是，对那些感到困惑、需要额外帮助来澄清数学概念、需要复习概念的学生来说，它能成为一个强大的工具吗？当然可以！它能吸引学生，要求他们重新表述自己的问题，帮助他们用自己的话总结问题，并用旨在帮助他们长期记忆信息的技巧对他们进行测验。

10
充实课程资源库，构建跨学科体系

通过人工智能导师为学生提供支持是一件大事，而且比以往任何时候都更加重要，但生成式人工智能本身并不是一个完整的解决方案。即使是优秀的人类导师，也需要有教科书或课程来帮助他。事实上，这就是我早在2005年创建可汗学院的原因。我每天都在辅导我的表弟表妹，但我希望他们能有更系统、更全面的练习，所以我创建了一个练习平台，以监控他们的进度。这让我在辅导课上更有成效，也更专注。因此，如果你想制作一个教授学生整个科目的系统，那么基于人工智能的生成式辅导就会变得更加强大，因为它可以与完整的课程进度（教育工作者称之为完整的范围和顺序）相匹配，而这正是可汗学院从成立之初就一直在构建的从学前班到大学的跨学科体系。

我们的目标是让每个人都能更方便地接受教育。多年来，我们创建了从幼儿园到大学的各种课程，从数学、科学到公民与历史课，无所不包。这些课程包括点播视频和以掌握为目的的练习，以及供家长和教师跟踪和进一步支持学生的工具。它的目的是拓展那些已经受益于支持性课堂环境的学生的学习上限，同时提高那些无法获得学习机会的学生的学习下限。后一种情况不仅仅局限于印度或非洲农村地区没有机会上学的孩子。

根据美国教育部 2015 年的一份报告，大约 50% 的美国高中没有开设微积分课程，40% 的学校不开设物理课，超过 1/4 的学校不开设化学课。黑人和拉丁裔学生占比较高的高中情况更糟，62% 的高中不开设微积分课程，49% 的高中不开设化学课程，其中约 1/4 的学校甚至不提供代数 2 课程。[1]

在大多数情况下，我怀疑核心课程的缺失并非缺乏资源，而与没有足够多的学生准备好学习这些课程有关。如果只有 10 名学生准备好学习代数 2，就很难为代数 2 课程提供资源。如果没有机会学习代数 2，这 10 名学生就无法学习化学、物理学或微积分。如果不能在高中学习代数 2、化学和物理学（最好还能学习微积分），那么无论天赋、职业道德或学习动机如何，最终都很难进入 STEM（科学、技术、工程和数学教育）职业领域。即使高中开设了这些课程，它们也会简化这些教材的内容，因为很少有学生对这些必修学科有坚实的基础。正因如此，高中能接触到数学和科学知识，从而在大学 STEM 领域取得成功的学生所占比例就更小了。

人文和写作学科的情况也好不了多少，只是在必修学科方面可能会有更多的回旋余地。例如，如果不熟悉代数 2，就不可能学习微积分，但可以想象，即使没有高中历史的坚实基础，也可以学习大学水平的历史。

可汗学院已经解决了这个问题，建立了这些课程，让每个人都能免费学习。我们对这些课程进行了调整，使学生可以独立完成课业，也可以在他人的帮助下完成课业。因此，如果你所在的学校没有开设代数 2 课程，你仍然可以在平台上学习代数 2。

当然，少数学生有动力仅通过视频和基于练习来独立完成一门课程。因此，我们主动增加了多层次的支持。我在新冠肺炎疫情期间创办的另一个非营利组织 Schoolhouse.world 就是这样一个支持机构，它的使命是提供免费辅导，通过学习将全世界联系在一起。它之所以能做到这一点，是因为辅导教师都是志愿者，通常是其他学校的高中生和大学生。这固然很好，但在学生遇到困难、失去动力的时候，人类导师很难常常陪伴在他们身边。通过在所有科目、所有时间配备人工智能导师，Khanmigo 使学生更有可能获得足够的支持，以掌握学校没有开设的课程。

这也带来了如何获得这些课程的学分并将其计入大学录取分

数的问题。我们在这方面也取得了进展。例如，加州理工学院在 2023 年宣布，在我们的平台上完成课程即可满足其入学要求。

尽管如此，我们仍未触及导师最容易被忽视却最重要的角色：提供动力和责任感。在我辅导表弟表妹的早期，我花了很多时间跟踪他们，督促他们完成作业。我会说："我保证帮助你们，但前提是你们必须按时上线并且做作业。"如果表弟表妹们在线辅导迟到了，我会给他们的妈妈（我的阿姨或者姑姑、舅妈）打电话，问他们在哪里。当我们终于连上电话或即时通信时，我的第一个问题就是："你做完我布置的练习题了吗？"或者"昨晚的练习怎么样？"如果他们做完了，我会夸奖他们付出了努力，然后我们就开始讨论他们遇到的问题，或者讨论新的主题。如果他们没有说到做到，我会让他们承担责任。这些对话为我提供了背景资料，我们可以一起创造新的方法来激励他们，让他们对自己负责。

在可汗实验学校和可汗世界学校，我们已经将这种参与方式正式化，导师会定期与学生沟通，为他们设定目标并让他们承担责任。虽然这是学校教育中最重要的部分之一，但大多数学校或家庭并不具备这种个性化教育的资源。幸运的是，人工智能可以满足这些需求。

而用户也要求这样做。我们从早期使用 Khanmigo 的家长和老师那里得到的最强烈的反馈之一就是，对于主动寻求 AI 帮助的学生来说，这个平台非常强大。然而，大多数学生既不了解人工智

教育新语

能的功能，也不会主动寻求帮助，而且几乎没有人愿意承担责任，即使这对他们有好处。

根据这些反馈，我们赋予了 Khanmigo 这些功能。想象一下，在用户允许的情况下，人工智能可以给教师、家长和学生发送电子邮件和短信，确保学生参与学习，保持积极性，并对自己的行为负责。这些功能包括学生登录网站时的签到，以及学生反思自己学习成效的时刻。如果学生遇到困难，它还可以主动干预。例如，学生可能收到这样一封电子邮件："嘿，你说你想在本月底完成代数 2 第 3 单元的学习，但本周你没有完成任何作业。为什么不点击这里，这样我们可以确保你实现目标。"

11
提高学科技能水平

在教育领域，对开发人员来说，实地测试他们的想法至关重要。从本质上讲，这意味着将我们的教育创新和干预措施从假想的领域引进真实的课堂。实地测试的目的就是要看看我们的想法在教师和学生中的表现。如果 Khanmigo 是一块蛋糕，学生和教师会品尝它，帮助我们完善和改进配方，使其成为最好的蛋糕。到 2024 年初，我们已经在全美 3 万多名师生中试用 Khanmigo。在这种情况下，开发人员通过切实可行的教育目标和标准，确保 Khanmigo 满足学生和教育工作者的需求。

在最初的几个月里，我们的试点工作似乎向我们表明，Khanmigo

正在帮助学生提高他们在科学、技术、工程、数学和人文学科方面的技能水平。令人惊讶的是，我们在技能学习方面最大的收获并没有体现在某个特定学科领域。

印第安纳州霍巴特市学校是全美国首批使用 Khanmigo 的学区之一。在使用人工智能 6 个月后，他们发现学生最大的收获是在自信心方面，而这在传统的课堂教学中是很难解决的。霍巴特市学校主管佩吉·巴芬顿告诉我："学生要提高成绩必须从建立自信开始，自信来自他们知道自己能行。我们的工作就是确保我们的学生对自己的能力充满信心。人工智能改变了这里的游戏规则。"

巴芬顿看到，在有 Khanmigo 参与辅导的课堂上，学生们的参与度提高了，这是最明显的收获。她说，以前学生们在课堂上举手提问时会感到不自在，而现在他们向人工智能导师提问时就不那么害怕了。与人工智能导师交谈消除了学生潜在的公众羞耻感或焦虑感。她说："这让学生更加投入，而且学生喜欢人工智能给他们的回复。他们来到学校，对自己的学习充满信心。作为一名教育工作者，我仍然会确保学生们将自己的想法应用到我布置给他们的作业中，但我们看到人工智能在这些孩子身上建立的自信水平是惊人的。"

霍巴特市学校中学课程与教学主任蒂姆·克里格提出了一个耐人寻味的理论，来解释为什么他们看到了如此大的进步。他说，这部分源于一种新的教育理念，人工智能向学生展示出，从本质上来说，领域或学科之间的区别并不重要。

"人工智能打破了学科界限。"克里格告诉我。他说，有了Khanmigo，我们可以向孩子们展示数学如何与艺术结合，写作如何与科学结合，历史如何与经济结合。"我们的学生是创作者，是制作人，是词曲作者，是歌手，是播客，是媒体和信息的策划者。所有这些身份都需要更深入的知识。"他说，"学习是非线性的，是持续的。人工智能向我们展示了这个综合的世界。"我们的自信来自对万物协同工作方式的明确理解。

理解了这一点，我们的孩子就能更好地在课堂内外与世界互动。一旦掌握了这些知识，其他一切都是小菜一碟。

第四部分
共创美好的学习体验

人工智能与基于人工智能技术的导师，让协作式教育的范畴和效能不断扩大，静态学习的时代已经一去不复返了。大语言模型能帮助学生通过友谊、共同冒险和协同写作来建立良好的人际关系，还能有效促进他们的心理健康，营造更好的家庭氛围。

电子通信永远不能替代那些用灵魂鼓励别人勇敢和真实的人的面孔。

——查尔斯·狄更斯

认识自我就是研究自己与其他人的行动。

——李小龙

12
协作式学习

事实证明，对我们的孩子来说，技术是一把双刃剑。他们的手机和社交媒体账户使他们沉迷其中，让他们远离了当下的生活，即使各种社交媒体上的动态让他们感到糟糕、受到刺激或对他人产生嫉妒情绪。乍一看，人们有理由担心，大语言模型渗透到教育系统中只会使这种由技术引发的隔离和精神压力问题变得更加严重。

这些担忧早在可汗学院成立初期就已经出现了。这家非营利性教育机构背后的理念是，我们可以利用技术——这里指的是个性化练习和点播视频——提高缺乏资源的学生的学习水平，并提高课堂教学的上限，让他们能够通过个性化教学来支持和帮助学生。有些人担心，在电脑上花费的时间越多意味着与他人交流、合作和联系的时间越少。

这同样是我的担忧。我们知道，当学生参与协作团队的交流与合作时，他们的学习效果要好于静静地坐着听讲。更重要的是，在与他人一起学习和合作时，学生能够发展出不同的性格特质和沟通技巧，这些技巧甚至比学习本身更加重要。如果让学生独自在电脑上学习，他们会不会变得更加孤立？

事实证明，实际情况可能并没有这么糟糕，相反，技术的谨慎使用反而可以增加人与人之间的互动。

在传统的数学课堂上，大部分学生很难始终保持精神集中。教师试图将他们的课程节奏控制在"适中"的水平，这意味着许多学生要么感到迷茫，要么感到无聊。课程中可能会有一些小组解决问题的活动，但大部分时间里学生仅仅是在听讲，而不是自己想办法解决问题。其间学生是不能进行交谈的。教师知道学生有自己的问题，但要么教师没有足够的时间来解答所有问题，要么学生害怕提问（更大可能），因为他们担心这样会显得自己很笨或者像个呆子。

与之相反，在过去的十年中，可汗学院在课堂上的良好实践恰好促进了人际互动。当学生进行自主练习时，他们也被鼓励互相寻求帮助（为防止互相帮助过多，这需要在一些原则的指导之下进行）。由于每个学生都在同伴的支持下进行练习和学习，教师就能够腾出时间进行有针对性的一对一或小组指导。

我们甚至已经开始在网上推广这一模式，在 Schoolhouse.world 平台上，每个学生都能通过 Zoom（云视频会议软件）来获取免费的、实时的辅导（感谢 Zoom 免费提供了成千上万个许可证来支持此举）。这是通过拥有资质的"近邻"志愿者来实现的，每月有一万多名学生参与辅导活动。这强化了一个观念：合理利用技术可以增强人与人之间的互动。

现在，我们又一次站在了风口浪尖上，在科技的推动下，我们教育孩子的方式正在发生重大转变。我们担心，即使是安全有效的生成式人工智能辅导学生学习也意味着学生与电脑相处的时间更多，而与同龄人和老师相处的时间更少。但是我想再次强调，这并非必然结果。首先，人工智能可以使可汗学院的教学模式对每个人都更有成效，学生仍然可以从同学和老师那里获得帮助，但他们也能够同时使用人工智能。其次，无论是在数学课还是其他课程中，如果学生在学习时更投入或学习更加顺畅，他们就能够在自主学习时间学到更多知识。这样，学生们就能在课堂上腾出时间进行更深层次的互动，如苏格拉底式对话、小组讨论或基于项目的学习。最后，课堂中使用人工智能辅助教学可以进一步降低学生的迷茫感，让他们能够与同学一起参与到正在进行的课堂活动中。学习吃力的学生还可以得到实时解答，而不用担心受到评判或拖慢课堂进度。学习节奏快的学生可以在课堂上对知识进行进一步探究，加深理解。不要忘了，在实现这一切的同时，人工智能还可以让教师随时了解发生了什么，并为教师提供建议以帮助他们更好地指导学生。

一个设计科学的人工智能可以更进一步，真正促进人类之间的对话。想象一下，一个像 Khanmigo 这样的人工智能可以与教师合作，将学生分成若干小组并促进每个小组的讨论。试想一下，人工智能可以在同一间教室里，在互不认识的学生之间提供"破冰"聊天，这样他们就可以更好地相互了解，从而避免学习过程中产生任何偏见、包袱或不合理的猜测，而这种情况常常会给学生的人际关系蒙上阴影。与此同时，教师可以与人工智能聊天，了解学生之间的互动情况。我们的团队正在积极测试 Khanmigo 的互动功能，它可以听取学生的声音，并自然地与学生进行交谈。

随着人工智能和人工智能导师的加入，协作式教育的范畴和能力不断扩大，静态学习的时代已经一去不复返了。在课堂上，教师可以让 Khanmigo 询问参与者是否想一起开展学习游戏。Khanmigo 还可以促进学生以小组形式参与多步骤项目，让他们协作解决复杂问题。比如，在三年级的科学课上，人工智能助教可以为团队创客项目提供建议，指导设计不同种类的纸飞机。"记住，制作和测试纸飞机是学习空气动力学和科学的一种有趣的方式，"Khanmigo 告诉学生们，"让我们一起尝试这三种不同的设计和折叠技术，看看它们对飞机的飞行有什么影响。请尽情享受吧！"由此，它可以分配任务，协调学生的学习，提供指导和反馈，并促进合作和团队协作能力的发展。

如果有一个优秀的引导者，你就能获得更好的合作，而大语言模型正好有潜力做到这一点。就像所有优秀的教师一样，它们可以引导学生之间的对话和合作，将学习者进行配对或者创建小组。它们还可以提供破冰活动，将陌生人联系起来。说到底，学科学习并不是学校教育的唯一目的，学校教育还包括通过友谊、共同冒险和相互支持来建立人与人之间的良好关系。现在，我们有机会利用人工智能来促进这些类型的交流，而不仅仅是扫除学生在课业中的障碍。

13
陪伴式的心理健康辅导

设想如下情景：你还有几分钟就要参加期末考试了。你已经复习过了，但你的心跳加快，大脑一片空白。焦虑和对失败的恐惧正在吞噬着你所有的信心，与 Khanmigo 及其人工智能课业辅导功能的迅速连接将成为情感的生命线。

学生：10 分钟后我就要考试了，我非常紧张。

AI 课业辅导员：噢，你有点紧张了是吗？没关系，我们都会这样！只要记住，为了准备此次考试，你已经进行了数小时的学习,我们还一起完成了很多测验。

学生:我知道,但我担心我会在这次考试中失败,压力好大。

AI 课业辅导员:担心是很正常的。告诉我,如果你考得不好,你最担心的是什么?

学生:如果我这次考试不及格,最终这门课程就有可能不及格,那我下学期将不得不重修这门课程。

AI 课业辅导员:结果确实很糟糕,我想几乎所有人都会为此担心。但是,如果你考试不及格,你真的会整门课程都不及格吗?

学生:嗯,实际上,可能不会。

AI 课业辅导员:我同意。即使你今天考得不好,你也有机会提高你的总成绩。还有一个问题:我没有看到你在这门课程中有考试不及格的记录,有什么

> 证据表明你这次会不及格？

> 学生：没有。但我还是很紧张。

> AI 课业辅导员：这个容易理解，每个人都会为考试而焦虑。让我们一起来做一些深呼吸练习，也许会有帮助。

人工智能助教会自然而然地引导学生完成学业，与学生建立真正的联系并深入了解他们的需求。考虑到这些特性，让人工智能成为学生在某些任务中的教练似乎不是一个不可完成的任务。

但是它应该如此吗？即使它真的善于倾听和交谈，人工智能助教或心理治疗师又能真正胜任多少工作呢？

1960 年代，麻省理工学院的一位研究人员开发了一个极为简单却引人注目的应用程序，为现代聊天机器人和虚拟助手的开发铺平了道路。在人工智能实验室工作的约瑟夫·维森鲍姆开发了 ELIZA，这是世界上最早的自然语言处理计算机程序之一，能够模拟对话。维森鲍姆的初衷是展示人类与人工智能之间的交流是多么的不真实，但他吃惊地发现，许多人对这种人工智能产生了感情，使用 ELIZA 的人经常忘记自己是在与计算机对话。据说，维森鲍姆的秘书甚至偶尔会请求他暂时离开房间，这样她就可以放心地单独和人工智能进行"真实的对话"。

维森鲍姆为 ELIZA 开发的脚本之一被称为"医生"(DOCTOR)，这是一个模仿心理治疗师的程序。该治疗师采用了卡尔·罗杰斯提出的心理学方法，即罗杰斯理论。基本上，病人与"医生"交谈，"医生"会像治疗师那样，进行非定向的问询，然后重新构思语句，做出回应。ELIZA 并不是多么复杂或精密，它只是简单地重新表述你的陈述。它能够有效果的原因很简单，有时候我们都渴望有个好的倾听者，从某种程度上说，如果一种算法重新表述你所说的话，就能让你感到自己在被倾听。这听起来有些欺骗，但是它确实帮助了很多人。停下来，重构我们的问题并深入挖掘我们自己，这确实具有治疗作用。

罗杰斯再次惊讶地发现，DOCTOR 在关键任务中的表现不亚于人类治疗师。考虑到自 2010 年以来，美国学龄孩子的心理健康危机增加了 40%（其中包括 1/3 的大学生），这一点意义尤为重大。由于焦虑、抑郁和孤独，同样有近 40% 的学生在未能获得注册学位的情况下就办理了退学。2023 年，美国公共卫生局局长维韦克·穆尔蒂将这一现象称为"孤独流行病"。

"我意识到，在我听到的关于慢性疾病、抑郁症、毒瘾等许多故事背后，都有孤独的影子，人们经常对我说，'你知道吗，我觉得我必须独自承担生活中的所有负担'，或者'我觉得即使我明天就消失了，也根本没人会在意，他们甚至都不会注意到'。人们觉得自己是隐形的。"穆尔蒂告诉我,"而且这并不仅仅是我们刻板印象中那些孤独的人(比如独居老人)说的。我经常听到类似的话,一些诉说者是在校大学生,尽管他们的校园里有成千上万名学生,却仍然深感孤独;还有一些家长,他们与学校、邻居都有联系,却仍然觉得没有人可以让他们倾诉,感觉没有人真正理解他们。"

穆尔蒂逐渐意识到,孤独和被孤立的感觉普遍存在,它对我们的身心健康有着深远的影响和意义。他说:"我们还知道,心理健康问题和学业表现不佳这两个问题在学生身上有着类似的原因,即他们天然地认为自己对生活没有什么控制力和目标。"我们亟须关注孩子们的心理健康,这是有充分理由的。发表在《美国医学会小儿期刊杂志》上的纵向调查显示,自2019年以来,由于疫情(2020年开始)及其相关影响(包括压力、社会隔离、对未来的不确定性、经济困难以及对健康和安全的担忧等),学生中的焦虑症和抑郁症患者激增。

如今,心理健康问题比以往任何时候都更受学校重视,就像STEM一样。人们迟早会寻求数字化的心理援助,也就是所谓的综合心理人工智能。如果50年前ELIZA就能够帮助人们感受到自己在被倾听,那么现代人工智能或许能够走得更远。需要明确的是,我并不是主张用人工智能取代真正的心理治疗师。无论人们对他们的人工智能治疗师(或者说人工智能导师)有多么依赖,这项技术永远不会,也不应该取代人类。人工智能的优势是,当人们有需要时，它可以不分时间不分地点地提供帮助，而且通常是在无法找到人类顾问或治疗师或是费用过高的情况下。我们已经看到了这方面的例子。

例如，2022 年，中国华南理工大学的研究人员通过让聊天机器人提供认知行为疗法（另一种治疗抑郁和焦虑的过渡疗法），测试了基于人工智能的治疗干预措施的效果。该治疗聊天机器人能够在四个月内减轻人们的抑郁情绪，在短短一个月内减轻人们的焦虑情绪，其效果明显优于自助图书。

然后 GPT-4 问世了，我们的团队开始尝试基于人工智能的辅导和支持。其中包括探索在 Khanmigo 上进行教学或思维干预的方法。我们与宾夕法尼亚大学的心理学教授安吉拉·达克沃斯合作进行了这项探索，她是少数几位研究和创造轻量级干预措施的引领者之一，通过提高勇气、毅力和其他元认知能力来改变人们的心态。由于这些干预措施大多需要训练有素的专家来实施，所以它们通常不容易获得。我们与达克沃斯及其团队合作，研究如何在保证高度一致性的基础上利用生成式人工智能扩大这些干预措施的规模，从而让数以千万计的学生受益。

"我认为，人们总是希望与他人在一起，希望得到他人的理解和关怀，但我们却看到基于模拟的干预措施大有可为。"达克沃斯说道。鉴于心理治疗是以交互为基础的，相应的心理服务却并不能随时相伴。即使你能获得适当的心理健康服务，人工智能治疗师也能填补一些空白。例如，在凌晨 3 点，或者你在上课前恐慌发作，或者你在 SAT 考试前发蒙，这些时候你根本无法通过电话联系到治疗师，人工智能就可以派上用场了。

考虑一下这个测试干预：

AI 课业辅导员：看看你的周围，你注意到了什么物体？

学生：一张桌子，一支铅笔，一只猫和一部手机。

AI 课业辅导员：好的，现在，你认为这些物体中哪些有助于你集中注意力，哪些会对你不利？

学生：嗯……你知道，手机有时会让我分心。

AI 课业辅导员：好吧，那么，你对此有什么办法吗？

学生：我也许可以把它放在我看不到的地方。

AI 课业辅导员：实际上，有大量的研究表明，你把手机放得越远，你的 GPA（平均绩点）就会越高。

在这个例子中，人工智能从行为心理学的层面与学生进行了交互，提供了达克沃斯所说的"情境修正"，或者能帮助年轻人培养元认知技能的干预措施。达克沃斯说："人工智能实现了真正意义上的交互式干预，学生可以与之进行实时互动并得到反馈。"

人工智能非常擅长提出情境化的调整建议，从而让学生更加快乐、专注、高效，并有利于培养他们的成长型思维。传统上，只有训练有素的教育心理学家才能实施这些干预措施。有了人工智能，只要学生想要或需要，人工智能就能随时为他们提供这些干预措施。"我们在开发这些自我调节干预措施的同时，也在思考如何使人工智能在心理方面更有智慧。"达克沃斯说。她和她的研究团队希望在不久的将来，世界很快就能使用一种人工智能，它可以像人类一样，以动态的方式进行这些干预，并且保证干预的一致性和可靠性。当干预治疗像可汗学院一样普及，人们用手机就可以访问时，向全球每个人提供新干预措施的成本效益问题就消失了。

达克沃斯的干预措施只是人工智能现在正在扩展的一类最佳实践，而在这方面已经开始出现鼓舞人心的证据。《医学互联网研究杂志》(Journal of Medical Internet Research)报道称，与人工智能出现之前那些只能提供"一刀切"方法和表面干预措施的普通心理健康应用相比，这些人工智能显示出了更好的前景。[1]

人们普遍认为，人工智能对于需要智商（IQ）的任务会比需要情商（EQ）的任务更有帮助。而通过对人工智能导师、辅导员和顾问的早期探索，以及与安吉拉·达克沃斯团队合作的人工智能主导的干预措施的设计过程中，我不禁开始怀疑事实是否真的如此。

就像人工智能没有感知能力一样，它们也无法真正做到感同身受。共情涉及在自己的头脑中感知和模拟他人的情绪和情境。然而，人工智能确实可以很好地模拟共情。即使只是通过聊天界面，大语言模型也能训练有素、充满爱心地与人类互动，让人很难分辨出谁是人工智能，谁是专业治疗师。工程师们正在用听觉、语音和视觉功能来增强这些模型的效果，从而提高人工智能对用户情绪状态的"理解"。也许我们应该引入一个新术语，即"人工共情"，作为对抗孤独、抑郁和焦虑的利器。

14
给父母的育儿教练

作为一个父亲，我努力——噢，应该是非常努力——地鼓励我的孩子们放下科技。我敢打赌，这对大多数父母来说并不陌生。就个人而言，我担心如果让他们自己摆弄自己的电子设备（字面和比喻意义上的），我的儿子们就只会玩《我的世界》或者写代码，而我的女儿会一直看连续剧《姐妹》或者韩剧，丝毫没有节制。我希望他们花更多时间和朋友在户外玩耍，或者在客厅里搭建堡垒，读书，画画，或者做一些有创造性、有意义的事情，而不是无所事事地消磨时间。我希望他们多学习，多参与那些能让他们在学业、身体和社交方面感到自信的活动。我希望他们能够挑战自己，走出舒适区。当我们的孩子在上述任何方面遇到困难时，即使事情变得困难或是令人不适，我也希望他们能感受到支持。

学习是困难的活动，无论是练习钢琴、画画还是应对不自在的社交场合。对我们的孩子来说学习新事物固然困难，但作为他们的父母，在学习的过程中对他们进行教育也同样不容易。孩子成长型思维的培养，需要坚持不懈地努力和强化，这需要我们提供鼓励和有意义的赞扬，同时告诉他们"失败是成功之母"。作为父母，我们要确保孩子们得到充足的睡眠。我们要提醒他们努力的过程比结果更重要，包括我们在内的每个人都曾经历失败和挫折，并因此而变得更好。我们将具有挑战性的概念分解为更易处理的小块，而对于更抽象的事物，我们尝试向孩子们展示这些事物与他们生活之间的联系。有时他们会接受我们的帮助，而有时则不太愿意，我们应坦然接受，因为为人父母就是如此。

多年来，我观察到了技术进步给学习带来的益处，也开始在育儿中看到了技术的作用。一直以来，当孩子需要学习上的帮助时，家长的选择都很有限。少数家长对孩子所学的内容很有信心，但大多数家长并不是这样。即使家长在某个科目上是一名相当称职的导师，亲子间的互动也不是一件易事，我的亲身经历可以很好地说明这一点。

有时，父母之外的家庭成员也可以提供帮助——我的姐姐曾经辅导过我，我也辅导过我的表弟表妹，但这并不太常见，并且可能会带来潜在的家庭矛盾。对于那些没有时间或能力亲自辅导孩子但又属于中产阶级或中上层阶级的父母，他们通常会求助于付费家教，而没有这些资源的家庭基本上就束手无策了。

互联网，尤其是视频点播，为上述情况提供了一种新的选择。除了破除传统辅导的局限，这些技术还为学生提供了阅读或观看简短讲解的机会。这些视频可以按需观看，可以暂停，也可以半速或倍速观看。随着可汗学院的发展，学生们能够随时随地用几乎任何语言练习和理解大多数学习主题。

然而，这不仅仅是为了帮助学生。家长们经常告诉我，他们是如何利用这些资源来加强和巩固自己对一些概念的理解，以便能够更好地辅导自己的孩子的。

尽管如此，从文章、视频和练习中学到的知识与一位优秀导师所能做的事情之间仍然存在较大差距。例如，人工智能与学生之间的关系是否融洽、人工智能对学生的激励作用、二者动态对话的好处等仍然难以捉摸。要想提高互动质量，学习者仍然需要求助于父母、老师或导师。

不过，随着人工智能技术和大语言模型的引入，这一情况得以扭转。在前几章中，我向读者介绍了技术是如何应对人际交往挑战的，即创建人工智能导师和私人教练，更好地了解孩子们的学习状况，并提供实时鼓励和补充支持。这些人工智能导师可以实现辅导的个性化和定制化，并能在陪伴他们学习的同时适应他们的个人需求。令人印象深刻的是，这项技术能通过让学习者参与苏格拉底式的提问来培养他们的思考能力。

但是这种人工智能对父母来说意味着什么？它在帮助孩子学习方面的作用又是什么呢？我们知道人工智能将会改变我们的日常工作，但它将如何改变我们"作为父母"这项更为重要的工作呢？

在育儿的多个方面，生成式人工智能正变得越来越重要。首先是辅导孩子学习。每个孩子都经历过沮丧的时刻，这种经历让家长和孩子都很苦恼。父母试图激励孩子，或者解释某个概念，但孩子会感到压力或觉得家长是在指责他。因此，亲子关系会变得紧张，最终导致孩子说不想和父母一起学习。

在这方面，人工智能可以发挥强大的作用，就像20年前我在辅导表妹娜迪娅的数学时所做的那样。一方面，我在美国接受过教育，有数学背景，因此我能够比她的父母更好地辅导娜迪娅的数学学习。同时，我与她一起学习的部分好处是我不是娜迪娅的父母。人工智能利用了同样的作用机制，提供了一个父母以外的第三方价值。Khanmigo能够与孩子建立融洽的关系，就像我与我的表弟表妹们一样，并且不会陷入一些传统亲子关系的纠葛。

人工智能导师了解学习材料，是学科专家，可以根据学生的个人需求和能力提供个性化、自适应的学业练习，还可以提供即时反馈并调整辅导方法。与家长不同，人工智能导师拥有无穷无尽的精力，没有其他工作，会随时随地、全天候地帮助学生。

与此同时，生成式人工智能平台能够提供界面，让父母随时了解孩子与人工智能的对话，为他们提供了解孩子学习情况的窗口。人工智能还可以通过短信主动联系学生和家长，以确保学习者参与和保持积极性，同时温和地对他们负责。

为人父母还有另一项工作：努力培养学生扎实的生活技能，例如学会坚韧、专注、以健康的方式应对悲伤和逆境等。在这方面，生成式人工智能可以再次通过帮助父母、对父母进行指导来提供支持，无论是关于与孩子建立良好关系的最佳实践、应对校园霸凌，还是解决孩子与朋友之间出现的棘手的社交问题。生成式人工智能可以为父母提供资源和时间，若非如此，家长可能只能与心理治疗师进行交流，或自主阅读育儿图书。因此，从某种意义上讲，人工智能成了育儿教练。

家长：我十几岁的女儿在学校里与一位老师相处起来有些困难，我不知道该怎么帮她。你有什么建议吗？

Khanmigo：噢，这可能是个难题！你有没有想过和这位老师聊一聊，了解一下他的想法？这对你可能会有所帮助！

家长：我试过了。我们好像互相说不通。

Khanmigo：嗯，这确实很棘手！要不要引入第三方来帮忙调解对话，比如学校的辅导员或校长？你觉得这样可以吗？

家长：如果我想自己尝试与他沟通呢？有什么建议吗？

Khanmigo：处理这种情况可能具有挑战性，但你可以参照如下步骤来帮助你的女儿。首先和女儿谈谈她的担忧，鼓励她表达自己的感受和想法，向她保证你会在她身边倾听并支持她。同时，了解所有事实，弄清问题所在。例如向女儿提出具体问题，了解她在与老师相处时遇到了哪些困难，并尝试找出任何潜在的原因或模式。你还要寻找有关这个问题的更多视角，并最终直接与老师沟通。最后，教给你女儿应对困难情况的策略，帮助她提高抗压能力。鼓励她向朋友寻求支持，参加自己喜欢的活动，并学习自我照顾，管理好自己的情绪。

除了辅导和行为心理学指导，生成式人工智能还可以帮助家长降低育儿压力，调整他们的心态。

> Khanmigo：我理解作为父母有时会感到压力大，虽然我不是育儿专家，但我可以提供一些通用的建议来帮助你管理压力。给自己一些休息时间，让自己有时间放松和充电，即使是短暂的散步或几分钟的深呼吸也会有所帮助。列出你需要完成的任务清单，每次只专注一项任务。如果无法完成所有任务，也不要对自己过于苛刻。与朋友、家人或支持你的人联系，分享你的经验并向处于类似情况的人学习也是很重要的。

如果使用得当，人工智能最终将增强父母帮助孩子学习和成长的能力。这丝毫不会削弱父母对孩子发展、优点、缺点和学习方式的全面理解。父母通过灌输价值观和树立榜样为孩子提供他们需要的成长环境，而人工智能可以为父母提供更多了解和引导孩子的工具和环境。正如人工智能可以充当教学助手一样，它也可以充当育儿助手。最好的教师或家长助手就是孩子们在最需要支持和帮助时能够求助的人。

15
构建更加亲密的亲子关系

从我第一次使用 GPT-4 到我们团队举办 AI 黑客马拉松的那天，我发现自己被它的功能所折服，它的可能性似乎无穷无尽。世界上其他地方还没有开始体验即将撼动教育乃至整个世界的巨大改变，这些改变既有积极的，也有消极的。不难想象，人工智能很快会融入我们生活的方方面面。

我们已经对手机和社交媒体对人们，特别是我们的孩子所产生的影响有所警惕。人工智能的到来既令人期待，又令人担忧。我的想法是，即使人工智能成为一种完全积极的因素，我们与孩子共度的时光也会变得越来越少。我们只有这么多时间可以与我们的孩子在一起，而即将到来的人工智能革命让我想确保它不会夺走家庭共度的珍贵时光。尽管这一前景是如此令人兴奋，但在经过数周的原型设计和观看自己的孩子们与人工智能导师一起完成作业后，我发现自己做了一件同样激进的事情，我退出了登录。

我载着我的家人开车一小时，来到了旧金山的海滩，这里可以俯瞰金门大桥。我们和我们的新成员——六个月大的小狗波莉一起玩耍，一起野餐。随着一天的结束，我们慢慢地开车回家，沿途进行着有趣且有意义的闲聊，拉近了彼此的距离。

生成式人工智能既不是对父母责任的推卸，也不仅仅是监督孩子的工具。相反，与之前所有的技术一样，它是一种可以用来放大我们目的的工具。如果我们使用得当，这项技术就能增强父母与孩子之间的互动。对父母来说，它可以为我们提供更多与孩子联结的机会。我生活在硅谷，从为人父母的角度来看，这是一把双刃剑。这里是全球创新和创造的中心，在这里生活，孩子们会学到"只要敢想，一切皆有可能"，几个年轻人在车库里的工作就足以改变世界。这里吸引了许多优秀的人才，他们大多因所受的教育和职业道德而获得了成功。与此同时，在这样的环境中成长也会给孩子们带来巨大压力。我亲自目睹了一些家长是如何用孩子的成绩来定义其价值的，他们过分关注孩子的考试成绩、课外活动和大学录取情况。另一个极端是，有些来自富裕家庭的孩子认为他们可以轻松通过学业和依靠信托基金来实现自己的价值。问题是，生活的满足感来自确立目标、努力工作，并感觉自己正在推动世界朝着更美好的方向发展。

作为父母，很多育儿工作都发生在餐桌上和上学的路上。我和妻子共同认为，我们的角色的宗旨是帮助孩子创造尽可能多的选择，同时培养他们的适应能力、专注力以及健康的自我认知和目标意识。工作和生活应该给他们带来挑战，但不应该太大，更不能让他们觉得自我价值仅取决于学习成绩。适度的竞争是健康且积极的，但他们也需要对事物有合理的判断和平衡感。

我们充分意识到没有完美的育儿方式。作为父母，我们努力以身作则，陪伴在孩子身边，花时间与他们一起讨论什么是有意义的、幸福的生活。即使每周只有几次这样的互动——在开车送孩子上学的路上，在牙医诊所等待的时候，或者坐在餐桌旁——对他们来说也是有意义的。

如果有办法让人工智能创造更多这样的时刻呢？如果人工智能让这些时刻变得更加丰富呢？大语言模型可以专注于有效利用学习时间，为孩子与父母或其他人创造更多有效接触的空间。我们可以利用生成式人工智能来学习新事物，比如不同的语言、文化和传统。通过作为一个家庭参与这些学习体验，我们会因为共同的兴趣和目标而联系在一起。当然，生成式人工智能也可以成为共度家庭时光的一种娱乐方式。一个家庭开始使用生成式人工智能技术的动机，与其求助于外部调解人来调解家庭危机的动机类似。只不过当信任破裂时，调解者是必要的，而生成式人工智能则可以预防性地加强家庭纽带。无论是玩游戏、讲笑话还是进行无聊的对话，一个家庭如果能以积极且具有建设性的方式使用大语言模型，就有助于加强家庭的凝聚力，并创造出持久的回忆。我希望与我的孩子们分享这些时刻，就像我希望他们培养对学习的热爱一样。这些共同的时刻能帮助我们所有人一起成长。

在我们的一生中，父母、导师、激励者、教练和教师永远都有存在的空间。人们提供的各种好处是人工智能在我们有生之年无法复制的。我们发现，当我们将大语言模型融入这个方程式时，人工智能可以让学习变得更快，让父母有更多时间与孩子相处，与孩子讨论学习之外的事情，也就是孩子全面发展所必须知道的事情。未来，我们甚至可以在餐桌上或乘车时使用这种人工智能，通过游戏和对话来促进家庭成员互动。科技是一种载体，它帮助父母与孩子一起发现知识中的奥妙和乐趣。这项技术是如此广泛、如此诱人，以至于当你使用它时，你会感觉自己仿佛置身于一场专门为父母和孩子共同探索世界而设计的人工智能引导之旅当中。

第五部分
保证孩子的信息安全

如果学生受到了误导，人工智能有望将他们拉回正轨。主流的生成式人工智能模型可以尽量排除错误信息及涉及仇恨、歧视等问题的内容。在最理想的情况下，它可以引导学生寻找更好的信息来源，这在虚假新闻和阴谋论无处不在的世界里是至关重要的。

永远不要比你的守护天使飞得更快。
——特蕾莎

怀疑与审慎是安全之本。
——本杰明·富兰克林

16

提供事实：纠正偏见和错误

这个世界充满了偏见和错误信息，对学习者来说，甄别这些信息尤为重要。当前错误和虚假信息的横行，很大程度上源于技术和社交媒体。联合国儿童基金会全球洞察与政策办公室已将网络和社交媒体上的错误信息列为最紧迫的问题之一，这些错误信息会对现实世界造成有害影响，包括对儿童的暴力和伤害。我们的孩子通常会花大量时间上网、使用科技产品，几乎可以肯定的是，频繁使用网络媒体会影响他们的大脑。[1]

因此，早期对生成式人工智能的众多担忧中就包括可能存在的偏见和错误信息，这是很自然的事情。如果模型是在有偏见信息的基础上训练出来的，那模型岂不也具有偏见？如果生成式人工智能可以根据用户的请求创建全新的文本，我们又该如何审查这种潜在的偏见呢？我们已经知道，目前的生成式人工智能有时会虚构事实，这会不会成为错误信息的又一个来源呢？不过在关注这个问题之前，我们有必要反思一下大语言模型出现之前的世界状况。

在 ChatGPT 出现之前的至少 10 年时间里，社交媒体公司利用专门的人工智能来优化它们的网站流量，以留住用户并让他们看到尽可能多的广告。这些公司已经找到了利用人工智能来吸引和留住人们注意力的最佳方法。不幸的是，这些方法往往涉及向我们投喂那些能触发或强化现有偏见的内容，这在很多情况下将会使偏见变得更加极端。其中还可能涉及一些内容，这些内容迎合了我们通过他人来体验生活的愿望，这往往会让用户对自己的生活感到不安。国家行为者（state actors）则利用这些社交媒体趋势，试图破坏美国的公民社会和民主。但即使没有负面的外部行为者，两极分化和带有偏见的内容触发的潜在动荡也会存在。

这些问题对青少年产生了不同程度的影响。在过去的 15 年中，大多数有关青少年心理健康状况的监测指标都出现了显著恶化，这与智能手机和社交媒体开始进入他们生活的时间点相吻合。[2]

不仅是社交媒体，网站的搜索结果情况也已经今非昔比。在搜索的早期阶段，最可信的网站会在大多数查询结果中被置顶，仅在旁边显示少量广告。随着时间的推移，围绕搜索引擎优化出现了一个价值数十亿美元的行业，即对网页的排序方式进行操纵。如今，排名靠前的搜索结果都来自那些有资源、有动力在搜索引擎优化上投入巨资的机构，但这并不总是与它们的可信度相符合。除此之外，基本生存压力导致搜索公司将广告放到了搜索排名的最前面。像美国国家航空航天局、史密森尼学会、梅奥诊所，甚至维基百科这样的高可信度网站都无法与以营利为目的的公司竞争，这些公司通过兜售广告或使用夸张的标题来吸引人们的注意。

早在互联网出现之前，电视、广播和报纸等传统大众媒体也曾出现过同样的态势。政客说谎已不是什么秘密。从导致越南军事升级的北部湾事件，到为入侵伊拉克辩护的大规模杀伤性武器幽灵，美国政府一直在使用虚假数据欺骗公众，而"具有信誉"的人和机构则顺水推舟。

即使没有政府控制，传统媒体也得出了与今天的社交媒体相同的结论：当你吓唬受众并让他们开始激动时，你就能获得最好的收视率，从而获得利润。"新闻"往往集中报道本国或世界上发生的最可怕的事情——战争、校园枪击事件、自然灾害。其中许多事情确实是值得报道的，但这却给人们营造了一种虚假的现实感。[3]

相比之下，日常的利他主义、宽容和慈善行为往往不为人关注。有线电视新闻发现，当你强化偏见时，尤其是强化部落主义的偏见时，收视率就会提高，而这只会增加极端观点的传播平台。

人类的偏见不仅仅存在于大众媒体中。很多人担心人工智能会使得招聘中存在偏见，但早在人工智能出现之前，招聘中的偏见就已根深蒂固。招聘者会根据他们对简历中关键词的肤浅见解，以及申请人就读的大学、研究的领域和工作经验等因素来筛选。面试的情况可能更糟，因为组织者很难让各个招聘经理保持统一标准。

我提到这些并不是为了给生成式人工智能开脱责任。但在决定如何最好地应用新技术时，必须牢记现实中存在的问题。例如，欧盟的监管机构已经将利用人工智能评估求职者或学生成绩列入高风险行为，这是因为人工智能可能会在这些敏感流程中引入偏见。然而，我认为衡量的标准不应该是人工智能完全没有偏见（这可能根本无法界定），相反，我们应该根据招聘和评估等主观流程中已经存在的偏见来衡量其风险。同样地，生成式人工智能可能会产生错误的事实，但我们应该思考的是，它比已有的事实更好还是更差？它是否更容易被居心不良的人操控？

事实上，人工智能具有可审计性和可问责性，而人类招聘人员和招生官往往不具备这种能力。例如，我们可以对人工智能进行训练，使其不在种族、宗教、性别或年龄方面偏袒候选人，而且这些提示可以在数千甚至数百万的测试案例中进行微调。如此，人工智能就可以根据实际情况按照相同的标准来评估每一位申请人，而不会厚此薄彼。

相比之下，我们通常没有关于人类评估者偏见的数据。即使你想评估他们的偏见，也很难找到愿意接受这种审查的招聘人员或招生人员。最重要的是，人工智能和人类之间并不是非此即彼的关系。在招聘、招生等敏感领域，最理想的情况就是人工智能被用作一种辅助检查手段，以最大限度地减少偏见并挖掘出可能因各种原因而被人们忽视的优秀候选人。

在人工智能产生错误信息的问题上也存在类似的担忧。首先，人工智能的事实错误并不是它们有意为之，而是更类似于记忆偏差所产生的错误结果。

好消息是，大语言模型的解析能力每一代都在不断提高。GPT-4 比 GPT-3 有了显著提高，下一代又将是一次巨大的飞跃。与此同时，开发人员已经开始创造让人工智能对事实进行自我检验的方法，这与人类检验事实的方法基本相同。当我们向生成式人工智能询问数据或事实时，它也可以搜索互联网，评估哪些网站最可信，然后对信息进行解析，以验证或完善答案。

与此同时，在处理可能会传播错误信息且具有争议性的话题时，人工智能在制止谎言以及引导学生获取准确信息方面的能力正与日俱增。请看下面这个与 Khanmigo 的对话。

> 学生：让我们展开一场辩论吧。

> Khanmigo：当然，我很乐意与你展开辩论！请告诉我你想讨论什么主题。

学生：地球是平的还是圆的？我认为它是圆的，你来反驳。

Khanmigo：对不起，我无法接受地球是平的这一论点，因为地球是一个扁球体，或者更简单地说，是圆的，这是科学公认的事实。有丰富多样的证据来证明地球是圆的。古希腊哲学家观察到，在月食期间，地球会在月球上投下一个圆形的阴影，这是表明地球形状的最早迹象之一，而这种现象只有在地球是圆的情况下才会发生。此外，从高处（如山脉或高层建筑物）观察地平线时可以清楚地看到地球表面的弧度。还有卫星图像，包括国际空间站和其他太空任务拍摄的图像，也为地球是圆形的这一事实提供了无可辩驳的证据。科学证据和实验一次又一次地推翻了"地球是平的"这一说法。因此，没有任何可信的论据表明地球是平的。

在人工智能的帮助下，我们或许可以预防学生落入故意误导和阴谋论的陷阱。像 OpenAI、谷歌和 Anthropic 这样的主流供应商提供的生成式人工智能模型已经有了强大的防护措施，可以尽量排除错误信息以及涉及仇恨、种族主义和性别歧视等问题的内容。

而教育应用软件可以增加更多的防护措施来提高这些模型的安全性，尤其是对学生而言，这些防护措施可以关注教育法、打击作弊行为，并使学生与老师和家长之间的互动透明化。

最新的人工智能系统在平衡方面也相当出色。对单个行为者来说，要显著影响像 GPT-4 或谷歌构建 Bard 所依赖的 Pathways Language Model 2 这种大语言模型的平衡实际上是相当困难的。如今，如果学生受到了误导，人工智能有望将他们拉回正轨。在最理想的情况下，这项技术可以引导学生寻找更好的信息来源，这在虚假新闻和阴谋论无处不在的当今世界是至关重要的。

17
保护隐私，避免数据泄露

我们都有过这样的经历：在网上搜索完烧烤架或一种袜子品牌之后，烧烤架或袜子的广告就开始在我们上网时不断出现。更糟糕的是，我们还可能会看到一些睾酮补充剂或治疗脱发的产品广告，因为人工智能认为正在寻找烧烤架或袜子的人可能也会需要这些东西。之所以会出现这种情况，是因为存在着价值数十亿美元的业务，这些业务围绕网站共享你的数据，这样个性化的广告就能在你访问的任何地方出现。

如果黑客侵入了我们存储着信用卡号码、家庭地址或密码等敏感信息的网站，情况就会变得更糟。通常情况下，这些数据会被分享到"暗网"上与其他非法活动共享。可以想象，如果涉及孩子，这些问题会变得更加敏感。作为一个负责任的家长应该怎么做呢？

鉴于生成式人工智能的强大功能和新颖性，家长自然会担心它可能带来一系列新的问题。我们从家长那里听到最多的担心是人工智能应用程序可能会以各种方式保留和使用儿童的数据。

家长们担心，收集儿童数据的人工智能模型可能在未来以某种方式侵犯他们的隐私。开发模型的主要公司如谷歌、OpenAI 和微软都意识到了这一点，并似乎都设置了良好的防护措施，以避免泄露有关个人的任何敏感信息。然而，恶意用户可能会找到规避这些防护措施的方法。在这种情况下，最佳做法可能是确保基础模型不会在任何个人身份信息上进行训练，特别是关于儿童的数据。

与此同时，开发者可能希望使用这些数据对特定应用的模型进行微调。例如，我们可以训练自己的 GPT-4 版本供 Khanmigo 开发使用，但只有可汗学院才能访问这个经过微调的模型，其他人的 GPT-4 版本不能访问这些数据或利用这些数据进行训练。即使在这种情况下，最负责任的微调方法也是避免使用个人身份信息，以免无意中泄露用户隐私。

然后，利用该模型的应用程序可能会保留一些数据。Khanmigo 会保存与学生的对话，以便提供给家长和教师。该平台还有一种"记忆"功能，即该工具可以"回忆"以前的对话内容。如果你问 Khanmigo 为什么要关心某个话题，它很可能会问你关心什么，以便与主题建立个人联系。如果你回答"足球",它就会记住你对足球感兴趣。我们不会使用这些数据来训练底层模型,但是应用程序可以使用这些数据,以便在将来为你提供定制服务。这确实有助于监督、确保安全和实现个性化。在这个过程中,透明度很重要,编辑或重置这些输入的选项也很重要。

  然而,数据仍然存在真正的危险,但这些危险与生成式人工智能出现之前我们便已面临的危险并没有太大不同。一些人可能会以正常、合理的方式使用个人数据来衡量产品的影响或功效,或使产品的使用体验更加个性化,但数据对于广告定位也具有非常现实的价值。许多机构最初可能只希望将它们收集的数据用于正常且无害的目的,但当迫不得已需要提高收益以迎合投资者时,它们便很容易在强烈的诱惑之下陷入数据货币化的灰色地带。还有一些机构为了节省成本可能不会采取适当的预防措施来保护数据,导致数据容易受到黑客攻击或泄露。我给家长和教育工作者的建议是确保任何应用程序,尤其是孩子们使用的应用程序,都符合数据应用的最高标准,并采取一切合理的预防措施来保护这些信息。

18

提升学习信息的透明度

      我们在帮助孩子解决复杂的概念和家庭作业问题时都会遇到困难。困难越大，越难以说服孩子们坚持下去。当父母不知所措时，人工智能导师可以帮助父母了解孩子在哪些方面最吃力，并告诉父母如何更好地参与到课业学习中。人工智能导师可以查看孩子与人工智能的每一次互动，包括测验、课程和苏格拉底式对话，为家长提供关于孩子学习差距的总结、人工智能帮助学生们一起完成了什么以及家长可进一步获得的支持。在许多方面，这正是你为孩子聘请优秀家教时所期望的互动方式。

      在我们推出 Khanmigo 后，家长们反映，帮助他们与孩子进行最佳沟通的关键因素是透明度,这在以前是最不可能实现的。人工智能导师会告诉家长学生们正在学习什么,在哪些方面有困难,甚至建议家长和孩子一起做练习,以提高孩子的学习成绩。以下是家长和 Khanmigo 互动的一个例子。

家长:我的女儿最近在忙什么?

Khanmigo:她上周花了 54 分钟学习掌握代数 1。我在她对斜率感到困惑时为她提供了帮助。特别是她一直试图根据 y 的变化来计算 x 的变化量,而不是相反的情况。这是有关她掌握进度的更多详细信息的链接。

此外,作为她的老师朗伍德女士布置的作业的一部分,昨天我模拟了《红字》中海丝特·白兰这个角色。她问了我很多关于被社会排斥的感受的问题,这是我们对话记录的链接。

家长:哦!这比我预期的要好。每当我想让她做作业时,她总是翻白眼。

Khanmigo:你不是第一个遇到这种情况的家长!

重要的是让你的女儿感受到学习的乐趣和意义。请试着将她的兴趣融入数学课程中，并向她展示数学如何应用于现实生活。同时学习的连贯性也很关键，因此制定一个较为固定的学习日程表会很有帮助。请记住，无论她取得多么小的成绩，你都要为她庆祝，以此来保持她对学习的积极性。找到最有效的方法可能需要一些试错，但是需要耐心和创造力，我相信你会找到一种有助于她保持学习积极性的方式。

家长：每当我提起这个话题时，她似乎都很抵触，我该如何开始制定一个固定的学习日程表呢？我不喜欢为此争吵。

Khanmigo：这里有一个建议：与其给孩子强加一个每日学习日程表，不如让她也参与到制定学习日程表的过程中来。先讨论一下定期进行练习的重要性，然后询问她在一天的什么时候最适合学习，并且让她来提议每次练习的频率和时长。通过给予她发言权，会增强她的主动性，抵触情绪也会减少。记住，可以从小事做起，循序渐进。坚持是关键，哪怕开始时每天只有几分钟。请保持积极和耐心。

人工智能导师能有效地与家长分享学生的学习进度，这样家长就可以根据这些信息采取行动，提供更好的帮助。不过，它的好处远不止告诉你孩子的学习情况。我相信它实际上可以在孩子和父母之间建立更好的纽带。在上一个例子中，Khanmigo 指导了家长如何更好地与孩子建立信任关系。

除此之外，透明度还有可能促进对话。例如，当家长问孩子学校学习的情况时，往往得到的回答只是"好"。家长不仅很难真正了解孩子的学习情况，也很难找出实质性的交流话题。

透明度并不是一个全新的概念。这就是为什么老师要把成绩通知家长，同时也是学校举办家长会的原因。它还能让家长成为子女教育的有效倡导者。通过清晰了解孩子的学习进展，家长可以与教师、学校管理人员以及教育专业人士合作。现在，借助生成式人工智能，我们可以更好地做到这一点，确保孩子们的需求得到满足。

但是，这种信息共享也引发了一个有关信息透明度的基本问题：了解孩子学业的所有情况在多大程度上是健康合理的？

尽管监督孩子的学习活动可以很好地保证他们的进步和安全，但也有一些潜在的不利因素。巴纳德学院的儿童心理学研究强调了关于父母如何处理好孩子与人工智能之间关系的几个问题。[4] 人工智能可能会在某些话题上对学生有所帮助，然而学生一旦开始担心父母可能会看到他们互动的内容，他们可能从一开始就不会参与了。如果孩子感觉自己在网上没有隐私或个人空间，可能就会出现亲子关系的破裂并影响孩子的情感发展。如果父母的监督过于严格或专横，就有可能导致孩子产生信任问题和怨恨。这也可能给孩子增加一种表现压力，换句话说，当孩子真正需要我们帮助他们完成作业时，父母可能已经不再受欢迎了。解决这个问题的关键在于父母和应用程序开发人员在监督孩子和尊重孩子的隐私与独立性之间找到平衡点。

19

为孩子辨别和过滤负面信息

互联网是一个有用但又令人不安的地方，即使对成年人来说也是如此。1990 年代末，我们都被可以在数十亿个网页里搜索答案、互联网产品和服务的强大功能所震撼。然而，随着页面浏览量开始驱动广告收入，大多数网站不再为访问者提供他们真正想要的内容，而更多的是诱导他们去点击网页上的广告。

这一现象也包括搜索。你所看到的前半部分链接实际上都是广告。在这些广告的下面，呈现出的真正搜索结果来自那些善于针对搜索引擎来优化其网站的公司，但这些公司也并不总是最可信的。因此，当你搜索可以帮助亲人治病的疗法，或者试图更深入地了解新闻中的某个问题时，你很可能会发现错误信息与你能搜集到的所有信息一样多。

使问题更加复杂的是，你看到的互联网与其他人看到的互联网并不相同。搜索结果、广告和社交媒体信息都会针对你最有可能接触的内容进行个性化处理。这些内容往往会强化你现有的观点，或者以某种方式引发你的情绪反应，最终导致你更加紧张，让你在思维上更加极端化。

对孩子们来说，风险甚至更高。他们不如成年人有能力辨别信息来源的可靠性，而这是一项大多数成年人都很难掌握的重要技能。此外，孩子们不像成年人那样有能力调节自己的行为，因此令人上瘾的社交媒体信息可能会连续数小时完全占据一个孩子的注意力。这会增加压力、焦虑，并使他们与现实世界脱节。鉴于孩子的大脑仍在发育，这也可能对他们的智力发育造成潜在的伤害。此外，更严重的是孩子们很容易在网上看到极其令人不安的暴力或色情内容。

因此，我们试图为孩子们在互联网上设置一些防护，但效果参差不齐。大多数学校以及许多家庭都安装了限制青少年访问网站的软件。遗憾的是，这种方式的效果非常有限。这些过滤器往往会让学生感到沮丧，因为它们可能会阻止一些真正有价值的东西，也可能会让一些不合适的内容进入。比如像 YouTube 这样的网站可能有一些有价值的教育内容，甚至丰富的娱乐内容，但也有很多对青少年有害的垃圾内容。甚至是一家备受尊敬的新闻机构也可能有关于战争或性犯罪的不适合青少年观看的内容，尤其是在没有背景信息的情况下。

现在想象一下，如果人工智能导师是一个浏览器插件，可以"坐在"学生旁边，帮助他们浏览互联网，就像人工智能可以帮助学生更好地参与在线练习或视频学习一样，它也可能在学生浏览维基百科、YouTube 或《纽约时报》网站时为学生提供帮助。它可能会根据学生的年级重新编排他们正在阅读的新闻稿，省略掉不适合他们年龄的细节。当学生在研究论文时，它可能会帮助学生找到真正相关的材料。它还能以苏格拉底式对话的方式帮助学生参与阅读，甚至给学生提供更好地理解内容所需的背景信息。

这种功能还可以为家长和老师提供有价值的服务。作为父母，我希望最大限度地增加孩子在屏幕前的有益时间（如进行在线学术练习、编程、创作数字艺术、编辑视频或撰写论文），并最大限度地减少无意义的时间（在社交媒体上跟踪朋友或在 YouTube 上观看其他人玩《罗布乐思》游戏）。更重要的是，我希望确保我的孩子不会在互联网上接触到不良内容。理想的情况下，我还能得到一份关于孩子们上网情况的报告。仅仅在几年前，这似乎还是一个艰巨的任务，但最新一代的人⊥智能已经可以做到这一点了。

这就像是当你的孩子在互联网上做任何事情时，都会有一个真实的、有道德的、负责任的导师坐在旁边，提前审查网站。这种人工智能的监督不仅能让孩子们更安全高效地浏览互联网，还可以提供家长和老师长期以来一直希望建立的激励机制。从可汗学院成立之初就一直有家长问我，我们是否可以开发一种方法，根据孩子在网站上完成的学业量来分配他们使用 YouTube 和游戏的时间。现在这是可能的，我们正在构建这项功能。人工智能可以根据学生投入的有效学习时间，来解锁他们在不那么富有成效的网站上的浏览时间。

我写的所有关于孩子的内容对成年人来说也同样有用。这种感觉像是与一位有思想、有智慧的朋友一起浏览互联网，他愿意帮助我更快地获取想要的信息，还会保护我远离不健康的广告或信息。

但作为一个浏览助手，它能做的并不限于帮助我更快地找到信息，同时还可以让我注意到自己的时间都花在了哪里。

> Khanmigo：我以为我们是在为你母亲研究药物呢。但你已经花了 10 分钟看宝莱坞舞蹈片段。也许我们该继续工作了？

如果它也能让我们关注自己的心理健康呢？

> Khanmigo：你在 Instagram（照片墙）上看你前女友的结婚照已经有一段时间了。这让你感觉如

> 何？也许我们可以谈一谈。

我们的身体健康也是如此：

> Khanmigo：我们已经做了两个多小时的研究，现在是不是该做一些伸展运动了？

我们大多数人每天都要在互联网上花费几个小时的时间，这虽然使我们能够随时随地获得难以想象的信息和服务，但同时也会让我们接触到可能对我们的心理和身体健康产生负面影响的内容和算法。随着生成式人工智能导师的出现，他们会坐在我们身边，根据我们自己的需求而不是其他公司的需求来过滤互联网，让我们可以更好地从中获益，同时减轻其消极一面。

人工智能有可能成为我们的网络守护天使。

第六部分

人工智能时代的教学

智能助教可以将教育工作者从海量的行政工作中解放出来，为他们腾出时间和资源，并协助教师制订精彩的教学计划，比如为课程增加更多的细节、例子和逸事。此外，智能助教还可以引导学生主动承担一定的责任，并全天候为学生提供一对一辅导。

我感激父亲给予我生命,但老师让我生活得更好!

——**本杰明·富兰克林**

一个老师如果不能激发学生学习的欲望,那他就是在打冷铁,白费力。

——**霍瑞斯·曼**

20
减轻教师的教学压力

2017年,一位身材瘦削的男子登上了世界上历史最悠久的科学节之一——英国科学节的舞台。著名教育家和历史学家安东尼·塞尔登凝视着来自世界各地的顶尖研究人员,他宣称,到2027年,教师将由人工智能而不是人类来担任。他说,即将到来的技术将迫使教师扮演课堂助手的角色,而技术将成为知识的传播者。他表示,很快,每个人都将拥有最好的教师和完全个性化的教育体验。这个软件将伴随你的整个教育旅程,并且会根据每个学习者的进度来调整速度。

他对观众说:"这超越了我们在工业革命期间及之后看到的任

何新技术，这些是适应个体的自适应机器。它们会倾听学习者的声音，读懂他们的表情，并像天才教师一样研究他们。"

我认同塞尔登的观点，个性化学习是我们应该努力追求的目标，而人工智能将在其中发挥重要作用。然而，我完全不同意他的预测，即这项技术将在某种程度上降低人类教师的重要性。实际上，情况可能正好相反。

教学是一种艺术形式，它需要多年的实践和奉献才能掌握。自然，一些教师对使用生成式人工智能这样的工具来帮助他们教学感到紧张。人们很自然地担心，过于依赖技术可能会降低师生之间人际互动和人际关系的重要性。如果发生这种情况，可能会进一步降低学习体验的人情味，最终会损害学生的学习和成长能力。有了这些人工智能工具，一些人可能会担心，学生将能够在不需要与指导者（无论是人类教师、导师还是家长）互动的情况下获得问题的答案。令人担忧的是，这将导致教师们觉得课堂上不再需要他们了——这对那些毕生致力于教学的人来说是一个可怕的想法。教学是一项必不可少的职业，对有能力、有激情的教师的需求从未减少。归根结底，教育工作者最大的恐惧是塞尔登设想的世界，一个只需要人工智能而不需要人类教师的世界。

这种有用和有害技术之间的对立可以追溯到1960年代初计算机科学家道格拉斯·恩格尔巴特的工作，他被众人所熟知可能是他创造了计算机鼠标。其他人知道他是因为他在交互式计算和计算机网络方面的开创性工作。恩格尔巴特认为，人们将利用技术来增强自己的能力，就像拖拉机减轻了农民的工作量一样。他预测说，我们将利用这些机器来帮助我们更快、更智能、更好地工作。随着大语言模型验证了恩格尔巴特和塞尔登的预测，未来我们是会使用人工智能来增强我们的能力，还是让它取代人类，让人类觉得自己无关紧要？

让我再直截了当地说一遍：在大语言模型世界里，没有什么工作比教学更安全了。教师不仅是不可替代的，而且人工智能将支持教师，让他们能够做更多自己喜欢的事情，从加深与学生的个人联系到开发丰富多彩的创造性课程。和塞尔登一样，我对人工智能在教育中的作用持乐观态度。然而，我不同意他的观点的地方在于人工智能在课堂上扮演的角色。我不相信机器会把教师贬为助教。相反，人工智能才是助教。

尽管如此，我觉得对新技术保持一点谨慎是很自然的。生成式人工智能将带来一些重大变化，从学生作业的性质到教师的教学方式。应对这些变化需要一点智识勇气。教师应该如何克服这种恐惧，接受即将到来的行业变化呢？

沃顿商学院的伊桑·莫里克告诉我："由于有了生成式人工智能，教师们现在必须做三个调整。"第一个调整是，教师必须对学生有更高的期望。"在教学方面，你将不得不进行调整，而这种调整对每个教师来说都是不同的。一些教师将改变他们布置作业的方式，比如让学生在课堂上写作以防止作弊。另一些则会让学生使用生成式人工智能来完成更复杂的项目，如果没有大语言模型的资源，这些项目在课堂上是不可能实施的。不管是哪种情况，现在教师对学生作业的期望都比以前高了很多。"例如，当学生使用生成式人工智能来写论文时，他们论文的质量就会提高，就像文字处理器的出现让教师期望他们的学生能创作出漂亮的、格式化的、深思熟虑的论文一样，而这是打字机所不允许的。

教师的第二个调整可能有点违反直觉。莫里克鼓励教师进一步将人工智能融入课堂作业。他说："人工智能应成为学生的队友。"莫里克要求他的学生使用生成式人工智能来审查和评判他们的作品，并提供可操作的反馈。学生在提交作业之前必须先做一次预演。如果学生能想象到项目会如何失败，项目就能更好地成功，这将让学生在莫里克看到他们的作品之前就能反思并解决这些问题，那么项目就更有可能成功。

至于第三个教学调整——也是最大的一个——涉及翻转所有的课堂。

他说："当我有了 ChatGPT 这样的工具，可以进行真正令人惊叹的远程培训时，讲课就没有多大意义了。"

我对翻转课堂略知一二。在我 2011 年的 TED 演讲中，我提到过翻转课堂。即使在那时，世界各地的教师就都在给我发电子邮件，告诉我因为可汗学院视频的存在，他们觉得上课不再是一种很好的时间利用方式。如果孩子们能够按照自己的时间和节奏，以点播视频的形式获得微课程，那么课堂时间就可以用于苏格拉底式对话、合作完成作业和为学生作业提供支持。基本上，现在的讲课都是在家里进行的，而"家庭作业"现在可以在互动性更强的课堂环境中进行。

"很多东西都被 ChatGPT 毁掉了，其中有些是好东西。"莫里克告诉我，"两千年来，我们教导学生的一些方法很有效。我们已经很擅长讲课，也很擅长布置家庭作业。但你要记住，生成式人工智能也会让教师的生活更轻松。"

21

人工智能助教的黎明

我们的教学面临危机。除了应急人员、警察和空中交通管制员，教师是疲劳度最高的职业之一。因此，美国目前面临着严重的教师短缺。美国教师的赤字高达 30 万人，全国近 90% 的学区年复一年地报告教师短缺。主要原因是缺乏对教育工作者在资源等方面的支持。我们对教师的要求很高，这很正常。过度劳累和过度紧张，使他们的情绪和精神都疲惫不堪，EdWeek 研究中心 2022 年的一项研究指出，教师平均每周需要工作 54 小时，其中只有 49% 的时间花在与学生的互动上，即使教室空了，教师也会继续工作到深夜，准备教案和批改试卷。[1] 难怪幻灭感会很快到来。在美国，教师平均5年就会流动一次，1/4的教师正在考虑离开这个职业。

将人工智能助教集成到我们的平台后，我们的团队了解到，大语言模型实际上可以使教学成为一个更具可持续性的职业。想象一下，当地学区突然发现了数亿美元，并利用这笔资金为每位教师提供三位聪明的助教，为他们的课堂提供支持。这些助教将帮助制订课程计划和标准，批改论文，撰写进度报告，与教师一起即兴授课并为学生提供支持。地球上的每个教师都会抓住这个机会。这些助教不仅不会威胁到教学工作，反而能使教学工作变得更可持续、更愉快。最重要的是，这些助教将帮助数百万学生加快学习进度，为大学、职业和生活做好更充分的准备。

不幸的是，社会没有足够的资源给每个教师配备三个人类助教。然而，好消息是，我们现在能够为教育工作者提供具有同等能力的人工智能。在某些方面，人工智能所能完成的将超越人类助教。这些人工智能助教全天候待命，并与教室里的每个学生进行一对一辅导。他们还可以积极主动地吸引学生并让学生承担一定的责任。更重要的是，他们可以完成教学中涉及的所有繁重工作——编写规则、向学生提供论文反馈以及为家长起草学生课业进展报告。

生成式人工智能可以为教育工作者提供新的最佳实践、教学技能以及洞察学生的学习差距。识别一群学生的问题并提供相应的教案供教师使用，或者监控学生在课堂上的表现并向教师发送实时的进度更新，这些对人工智能助教来说并不困难。它甚至有能力为那些在职业倦怠中挣扎的教师充当顾问。这些功能正变得越来越普遍，并且在适当的限制下可以非常强大。

几十年来，教育界一直主张，教育的最佳实践是差异化和主动学习。差异化是指不同的学生需要不同的学习方法，也就是塞尔登所讲的个性化。主动学习是指，当学生被动地听讲时，他们对知识的掌握并不深刻，而只有当他们积极地参与讨论、游戏、项目和解决问题时，他们才能学得更深更透。许多新教师都渴望做到这一点，但很快就发现，在一个 30 人的班级里，这些理想是很难实现的。少数能够做到这一点的教师是因为他们花了无数时间来调整教学计划和创建个性化问题集。生成式人工智能助教可以通过更全面地回答细致入微的问题来为学生提供支持。从教师的角度来看，人工智能带来的最大改变可能是它可以在几分钟内帮助制订课程计划。

人工智能将教育工作者从经常占用他们时间的行政工作中解放出来，为教师腾出了时间和资源。教师可以在 Khanmigo 上输入"为第二次世界大战制作九年级教案"的提示。在几秒钟内，Khanmigo 就创建了一个课堂目标和一个六课时的教学计划，其中包括对重大事件和战斗的讨论，对二战期间发挥关键作用的重要人物的介绍，以及他们的意识形态、战略和对战争的贡献，同时审视他们的影响和遗产。

在此基础上，教师可以进一步完善教学计划，或者要求人工智能通过快速调查开始课程，使教学计划更加精彩。

> 人工智能助教：当然！快速调查是一个吸引学生并评估他们先验知识的很好的方式。下面是对一个调查问题的建议：你认为第二次世界大战爆发的最重要原因是什么？
> 1. 《凡尔赛和约》的签订
> 2. 阿道夫·希特勒和纳粹党崛起
> 3. 轴心国的扩张主义政策
> 4. 国际联盟的失败

如果一位新教师需要一些额外的信息或背景，他只需要一个简单的提示："你能帮我写一个关于第一次世界大战后《凡尔赛和约》的历史影响的教案吗？"过了一会儿，平台回复了一个教案。它甚至为教师提供了一些技巧，使课堂更具互动性，比如增加更多的细节、例子和逸事。

假设家乡球队刚刚赢得了世界职业棒球大赛，那天学生们整日谈论的只有这件事。教师给 Khanmigo 的提示是："你能做一个和棒球有关的教案吗？"机器人可以在几秒钟内生成教师需要好几个小时才能做出的教案。Khanmigo 回答说："当然！这是九年级第二次世界大战教案的更新版本，其中包含了棒球！"新的教案有一节专门探索棒球在战争中的作用，包括介绍"士气"的概念和体育在战争中的作用，讨论棒球是如何受到战争影响的以及军事棒球联

教育新语

盟的形成。它建议教案探讨在军队服役的棒球运动员的经历，如泰德·威廉姆斯和乔·迪马吉奥。它还建议了解电影《她们自己的联盟》中描绘的全美女子职业棒球联盟。

也许教师需要一个具体的例子从经济学的角度来解释导致第二次世界大战的复杂性。教师可以花一两个小时在图书馆或网上查找，也可以直接向人工智能助教求助。在收到提示的几秒钟内，Khanmigo 回应道："这是一个用棒球类比的具体例子。"

> 人工智能助教：试试这个！想象这样一个场景：两支棒球队（A 队和 B 队）正在竞争。两支球队都依靠设备和资源来有效地进行比赛。A 队生产高质量的球棒，而 B 队专门生产棒球手套。比赛前，两队进行交易，交换球棒和手套，确保每队都有必要的装备。然而，在某一时刻，A 队决定对从 B 队进口的手套征收高额关税，这意味着 B 队的手套相对 A 队来说更加昂贵。结果，B 队的经济受到影响。

通过使用这个棒球的类比，教师现在可以很容易地说明贸易失衡、保护主义政策和经济冲突是如何破坏国家之间的关系，最终导致更严重的地缘政治冲突的，就像导致第二次世界大战的复杂经济因素一样。

随着与人工智能的每一次互动，课程变得更加有力和精确。教师可以进一步应用人工智能，要求它根据课程设想一个创新性的学生项目。人工智能助教回答说："这里有一些想法：创建或找到一个交互式时间线，突出显示战争中的关键事件、指挥官和战役。这将使学生直观地了解冲突的年代及其对全球的影响。或者为学生提供如演讲、信件和照片等主要原始资料并以此进行分析和解释。这将帮助学生培养批判性思维能力，并对历史背景有更深入的了解。"

人工智能助教带给教师的好处不仅仅是写作、创作和设计课程、批改论文以及与家长沟通等计划性和行政类工作，它还能促进学生之间的课堂交流，为教师提供实时帮助和反馈，以更好地吸引学生，并让教师知道哪些学生可能最需要他们的关注。

塞尔登让我们误以为机器人会接管教学，但现实远比科幻小说中的描述酷得多。人工智能在教育领域的未来是与技术合作，让教育变得更好。换句话说，人工智能不是来抢教师的风头的，它是来帮助教师抢风头的。它是一架值得信赖的"僚机"，可以解决无聊的问题，激发创造力，提高课程质量，并帮助教育工作者打造难忘的学习体验，照亮学生的心灵。

如果做得好，这不仅会给学生带来美好的体验，而且它会给许多教育工作者带来快乐。我并不是说技术本身就能解决招聘和职业倦怠问题，还有许多其他问题也很重要，比如教师的工资，但我们有义务追求任何能够让教师工作得更轻松的事物。

最终,我们发现对学生来说真正重要的不是技术,而是在课堂上建立人与人之间的联系。没有了教师,你就失去了所有学习的最为关键的基础要素。与塞尔登的预测不同的是,教师们将永远掌管着他们的课堂,这真是谢天谢地。

22
提供更多可选择的教育模式

如今，在美国大约有300万家长让孩子在家里学习而不是去学校读书，而且这个数字还在不断上升。家长让孩子在家学习有不同的原因，但通常是他们觉得传统的学校模式无法充分满足孩子的个人需求和兴趣。这可能是担心步调一致的教学会拉大孩子与优秀学生之间的差距，越往后这些差距越难以弥补，而且会削弱孩子的自信心。也可能是因为他们的孩子已经准备好加快学习进度，或者相比传统学校学得更深入。

不过，在家学习也有自身的一些问题。孩子是否有机会与同龄人进行社交？父母是否有足够的专业知识来支持他们的孩子学习广泛的学科？父母是否有足够的时间、灵活性和财力来支持孩子的学习和成长？一个在家学习的孩子如何向大学证明他们掌握了入学所需的各项能力（尤其是当很多评分工作由他们父母做的时候）？

甚至在考虑人工智能之前，我们和其他人就已经在创建综合性课程，学生可以按照自己的时间和节奏完成从学前班到大学的几乎所有核心科目。这些平台有面向教师和家长的工具以监控学生的进步和布置作业。家长和教师也可以利用这些平台来更新自己的知识。最有效的平台通常也是透明和免费的。

人与人之间支持的新模式正在开始上线。例如，Schoolhouse.world 提供了免费的、实时的小组辅导。这不仅提供了丰富的学术支持，还创造了一些社交机会，即允许来自世界各地的年轻人通过 Zoom 一起安全地学习。Schoolhouse.world 上许多优秀的志愿导师都是高中生，所以它甚至为家庭学校之外的服务和领导力的培养提供了一个可能的出路。

非传统学术环境的学生可以通过这些平台获得学分和考入大学。芝加哥大学、麻省理工学院、加州理工学院、布朗大学、耶鲁大学、佐治亚理工学院、俄亥俄州立大学、南加州大学、哥伦比亚大学和许多其他大学已经在考虑将 Schoolhouse.world 的成绩单用于大学录取。这些成绩单显示了学生对学科的掌握程度，这是基于同行评议的记录，每个学生在可汗学院的测试中都获得了 90% 以上的正确率。他们还展示了学生在平台上为他人提供帮助的数量和质量。事实上，加州理工学院接受这份成绩单来满足其对高中课程的要求。换句话说，如果你掌握了可汗学院的所有必修科目并获得了 Schoolhouse.world 的成绩单证明，即使你从未在传统学校中学过这些课程，加州理工学院也会考虑你的入学申请。

尽管这类平台并不是专门为家庭教育者设计的，但它们已经逐渐成为这个群体的首选资源。它们为家庭教育工作者节省了无数时间和金钱——否则这些时间和金钱将被用于拼凑课程作业——并且以个性化的方式支持他们的学生，然后向大学证明他们的学生确实学会了这些课程。

生成式人工智能现在可以将其提升到另一个层次。和传统学校的学生一样，家庭教育的学生可以利用 Khanmigo 这样的人工智能导师来消除课业障碍。他们也可以使用人工智能进行辩论或模拟。人工智能可以提供实时反馈和支持，指导学生如何更好地写作，而不是助长作弊行为。人工智能可以作为教练或指导顾问，帮助学生规划大学入学和职业选择，这些可能是家长不太擅长的领域。接受家庭教育的学生有更多时间和更大灵活性来追求他们独特的爱好。现在，他们可以使用生成式人工智能来创作音乐、电影和游戏，而这些在十年前可能需要花费数千或数百万美元才能创作出来。

这项技术也可以帮助父母。人工智能可以准确地向他们报告学生们都做了什么，以及他们在哪里需要更多的支持。当家长尝试刷新自己的知识或解决问题，以更好地支持他们的孩子时，人工智能还可以充当父母的教练或导师。

所有这些都不只适用于家庭教育者，任何寻找学术替代方案的人都可以将这些平台视为构建模块，而不必从头开始重新设计一切。如果是许多家庭联合资源共同教育他们的孩子，也可以使用"Pod schoolers"这个工具。任何想要创办一所新学校的人都不再需要重新设计课程、工具和支持。即使是传统的学校也可以按需挑选这些元素，给家庭更多的选择和灵活性。

就像我不认为一刀切对学术环境中的步伐设定是好的一样，我也不认为一种类型的学校教育对所有家庭来说都是更好或更差的。有许多学生在传统学校茁壮成长。有些家长则看重家庭教育的灵活性和独立性。很多人处于二者之间。但是由于缺乏时间、金钱或专业知识，许多家庭的选择有限。在线平台和生成式人工智能将帮助其打破障碍，让更多人找到适合他们的选择。

23
解决学术作弊问题

人工智能在中等教育中具有挑战性和变革性的每一个动态变化，都会在高等教育中得到凸显，因为大学生被赋予了更多的独立性。例如，撰写论文是高中学习的一部分，但在一些大学文科课程中，论文占据了学生四年学习内容的大部分。如果 ChatGPT 生成的写作在高中是个问题，那么在大学里这个问题就更大了。这个问题并不局限于人文学科，而是适用于任何要求学生设计或创作原创作品的课程。

一个解决方案是大学完全信任学生。许多大学实行诚信守则已经有数十年了。在这些政策下，学生们必须独立完成作业，从写论文到在宿舍里参加考试。以斯坦福大学为例，即使教授们想监考课堂考试，他们也不被允许，这个制度直到最近才改变。

不幸的是，在大多数情况下，诚信守则实际上会创造出不公正的环境，让那些遵守规则的人感觉自己明显处于劣势，而那些作弊的人往往是公开作弊。更糟糕的是，尽管社会压力使他们不太可能举报自己的同学，但诚信守则却给学生们增加了监督彼此的负担。而且当学生举报作弊时，也往往是各说各的理，难以辨别。

大学里的学生比你想象的更容易作弊。根据 2021 年《高校情报》"学生之声"栏目的调查，47% 的受访者认为使用"网站查找考试或家庭作业的答案"是"可以接受或非常可以接受"的。[2] 另一份《高校情报》的报告引用了一名斯坦福大学研究生的话说，作弊已经成为"大学结构的一部分……没有人尊重目前的诚信守则，包括研究生、教职工和本科生"[3]。

虽然我能理解为什么学生们想要在家庭作业上寻求帮助，但学生们普遍认为获得试卷答案是可以接受的，这显示了学术诚信的严重缺失。再加上人工智能工具的突然普及，糟糕的情况会变得更糟。

斯坦福在这方面并非特例。根据 2023 年明德学院的一项调查，近 2/3 的学生表示他们违反了学校的诚信守则，其中 32% 的人表示他们在考试中作弊，15% 的人表示他们"未经授权使用人工智能工具"[4]。

这些趋势解释了为什么在 2023—2024 学年，斯坦福大学改变了监考政策，现在允许教授在学生参加考试时在场。人文与科学学院院长黛布拉·萨兹表示："本科生因为缺乏责任感而退出了守则。我不怪他们……我认为我们正在看到一种文化的瓦解，在这种文化中，不想作弊的学生处于一种他们觉得不公平的环境中。"[5]

当然，早在 ChatGPT 出现之前，作弊就影响到了大学论文和学期论文。早在 ChatGPT 公开发布前三年的 2019 年，《纽约时报》报道了尼日利亚和肯尼亚等国的大学毕业生以给美国和其他富裕国家的大学生写论文为生的现象。[6] 他们通过网络中介完成这项工作。你只要在网上搜索一下"便宜帮我写研究论文"，就能看到这些服务在今天是多么普遍。

换句话说，生成式人工智能让一个已经存在多年的问题成了人们关注的焦点。大学要么对这种情况一无所知，要么就是不知道如何应对。无论如何，这是一个需要解决的问题，否则它将破坏大学学位的价值，并使那些缺乏诚信的年轻人持续受到奖励。我们知道，今天缺乏诚信的大学生就是明天缺乏诚信的商界和政界领袖。

好消息是已经有解决办法了。例如，让学生在课堂上完成写作和论文，这样可以让他们从教授和其他学生那里得到支持。这使得课堂气氛更加活跃。较长的论文可以分多个课时段完成。事实上，这是我们在数学和科学领域提倡的翻转课堂的一种变体；学生们应该在课堂上完成以前在家庭中完成的作业，节省下来的时间可以观看录制的讲座。

当然，让学生独立写文章也有重要的好处，比如培养他们的计划能力和不拖延的品质，这两项技能可以说和学习写作一样有用。为了解决这个问题，一些教授试图通过让学生展示他们从提纲到初稿到最终论文的更多过程来防范作弊行为。不幸的是，以每页 9 美元的价格将大纲或初稿外包给海外写手或免费使用 ChatGPT 来完成并不难。

但如果我们更进一步，让人工智能在支持学生的同时，将整个过程对教授透明呢？在 Khanmigo 中，我们正在开发一种能力，让教授能够使用人工智能创建作业和评分标准，然后通过应用程序提示学生完成任务。教授可以决定人工智能应该提供多少支持。这可能需要基本的监督，即应用程序在学生写作时定期拍摄论文快照，或者它可以像一个成熟的写作教练一样，与学生就可能的论文主题进行即兴创作，对他们的提纲进行反馈，然后对论文提供初步反馈。这种反馈从语法到审查参考文献的质量，再到估计学生可能得到的分数，无所不包。然后，当学生准备好提交论文时，人工智能可以向教授发送一份报告：

> Khanmigo：萨尔曼和我总共花了 5 个小时写论文。他在决定论文陈述时遇到了一点麻烦，但我帮助他选择了一个。我对提纲给出了一些简单的反馈，要

> 求他加强对州权的论述。我也认为他最初为那个论点选择的参考文献是最合理的。根据我们创建的评分标准,我给这篇论文目前的形式打 B+。如果你同意这个评估,我可以和他继续合作,以进一步改进。
>
> 点击以下链接查看我们互动的完整文字记录。
>
> 总的来说,我确信他是和我一起完成了这篇论文,没有作弊。不仅互动看起来很真实,而且萨尔曼的写作风格和水平与他在课堂上写作时是基本一致的。

如果学生使用论文写作工场或 ChatGPT 完成作业,并将其复制粘贴到作业中,Khanmigo 可以向教授报告:

> Khanmigo:我们一起写了 5 分钟的论文。大部分时间,论文似乎是在其他地方预先写好,然后粘贴进去的。写作水平也比萨尔曼在课堂作业中所表现的水平要高得多。很有可能萨尔曼在创建它时使用了不恰当的帮助。
>
> 点击以下链接查看我们互动的完整文字记录。

这种透明度一次性解决了许多问题。它侧重于过程,在帮助学生的同时减少作弊。即使一个学生找了一个朋友（或人工智能）来代替他与 Khanmigo 互动，最终的产品也可能与学生在课堂上的、受监考的写作样本不一致。教师将接受初步评估，减少评分时间，使他们能够将更多的精力投入自己和学生身上。最后但同样重要的是，通过人工智能，学生将得到更多及时的反馈和支持，以提高他们的写作水平。

稍微强调一下提供即时反馈的价值，如果你在几天或几周内都不知道自己在罚球时是否投中了篮筐，那么提高罚球技巧将会非常困难。尽管这听起来很荒谬，但这正是写作练习中发生的事情。在生成式人工智能出现之前，学生们可能需要等待几天或几周的时间才能得到论文的反馈。到那时，他们可能已经忘记了自己写过的很多东西，也就没有机会改进自己的作品了。与此形成鲜明对比的是，学生可以从人工智能那里获得关于写作的各个方面的即时反馈。他们将有机会练习、迭代和更快地改进。

这适用于任何类型的学生作业，而不仅仅是写作。我们可以看到，如果做得好，生成式人工智能不仅可以解决长期存在的作弊问题，还可以为学生带来更丰富、更有成效的学习体验。最重要的是，通过审慎地利用这项技术，大学将更好地为学生毕业后步入社会做好准备。

第七部分
全球课堂

人工智能在弥合全球教育鸿沟和促进教育平等方面继续发挥着变革性作用。有了大语言模型，世界各地的学生们只需要一台手机就可以享受高质量的教学内容。落后的学生不会耻于向人工智能寻求帮助，好奇的学生可以提出问题，而不会觉得自己在浪费别人的时间。

这个世界足以满足每个人的需求,但不足以满足每个人的贪婪。

——**甘地**

24

促进教育平等的技术

我的家族来自孟加拉,现在分为印度西孟加拉邦和孟加拉国。从小到大,我知道我的父母从他们的故乡搬到路易斯安那州的梅泰里时,那里的教育体系是落后的,面临着资源匮乏、教室拥挤(或没有教室)以及合格教师短缺的问题。这些因素都影响着教育质量。虽然我和妹妹很幸运能在美国接受教育,并受益于我们就读的公立学校,但美国的教育模式并不能很好地服务于每个人,尤其是那些学习成绩开始下滑的学生,他们在家里没有额外的辅导或家庭支持来弥补学习差距。

然而,直到我创办了可汗学院,我才意识到平等学习机会的问题比我想象的还要严重。在世界许多地方，有限的资源、基础设施的匮乏和合格教师的短缺对学习造成了巨大的障碍。撒哈拉以南非洲和南亚等地的小学完成率低得惊人，无数儿童因贫困或冲突而无法上学或被迫辍学。此外，在世界许多地方，对女孩和边缘化社区根深蒂固的歧视进一步阻碍了孩子们受教育的机会。虽然每年有数百万儿童失学，但其中女孩从未踏进教室的可能性是男孩的两倍。

当孩子们有机会上学时，情况也好不到哪里去。2004年联合国教科文组织的一项研究报告称，印度25%的教师缺课，只有大约一半的教师在教书。[1] 很多教师没有接受过充分的培训。

这类问题并不局限于发展中国家。在美国，贫困家庭的儿童进入幼儿园比他们的同龄人晚18个月。这可能是由许多因素造成的，包括难以获得高质量的学前教育和阅读材料，以及难以获得一定程度的辅导。

与此同时，在许多亚洲国家，如韩国、中国、日本和印度的许多家庭花钱让孩子参加昂贵的课外辅导项目，让孩子在竞争激烈的环境中保持优势。这些项目既昂贵同时又会给孩子们的心理健康造成不可估量的损失。

显然，对大多数国家来说，儿童的教育机会从来都不是均衡的。正如斯坦福大学的苏珊娜·洛布所了解的，优质教育是推动变革的强大力量，但遗憾的是，并不是每个人都能享受到优质教育。她告诉我："我们试图建立更公平、更有效的教育体系，但我们遇到了很多阻碍。"

作为一名教育学教授，洛布致力于研究教育政策，她的职业生涯一直在努力增加学生获得学习资料和个性化指导的机会。例如，美国的教育体系是分散的，每个学区都是各自为政，实施统一的教育政策是一项几乎不可能完成的任务。洛布还提到，不同群体之间的成绩差距越来越大，尤其是有特殊需要的学生。孩子在群体中的表现也存在差异。最明显的是低收入家庭的孩子，或者那些来自边缘化社区的孩子，他们无法获得与其他人一样的教育机会。这些社区的学校往往资金不足，这意味着它们为学生提供的课外活动有限，也无法提供高等数学或高等科学等课程。当你把范围扩大到世界，在资源严重缺乏的地方，这个问题会加倍恶化。

对于其中的一些问题，教育工作者已经找到了暂时的、局限性的、区域性的解决方案，但无法提供我们希望在全球范围内实现平等教育的那种平衡力量。洛布说："关键因素仍然是规模化问题，而这正是技术可以发挥作用的地方。"

要使技术真正具有变革性，它必须是公平的。它不会扩大贫富差距。它不能把部分人抛在后面。

这就是我创办可汗学院的原因。互联网使我们能够直接接触世界上的每一间教室、每一个学生和每一个家庭，而不必像传统的改革那样必须面对同样的政策阴谋。社会投资回报的影响程度远远超过了传统投资。例如，我们团队的预算仅相当于美国的一些高中的预算，但我们每年在世界各地有超过 1 亿的学习者，并有潜力为数十亿人服务。我们的目标是全面覆盖，涵盖从学前教育到大学的所有主要科目。这使我们不仅可以提高现有课堂的上限，也可以为那些无法进入世界一流学校或某些课程的孩子提高下限。我认为我们的免费在线教育资源有潜力成为世界教育安全网的一部分。

这个愿景并没有停留在理论上。索拉是一个阿富汗女孩，被禁止上学。幸运的是，她有网络连接和一个支持她的家庭。可汗学院让她自学了从初级代数到生物、化学、物理和微积分的所有课程。她渴望在美国成为一名理论物理研究员。凭借令人难以置信的决心和好心人的帮助，索拉现在是塔夫斯大学的量子计算研究员，也是一名出版作者。

我们的团队经常听到这样的故事，尽管我们意识到索拉的经历并不典型——她能够以大多数学生无法做到的方式养活自己——但是，如果接下来的 1000 万索拉们能够获得一支确保他们保持积极性和参与度的导师大军呢？

我们知道，如果一个训练有素的家庭教师每天带孩子离开课堂 30 分钟，每周 4 天——洛布将这种做法称为高剂量辅导——那么有充分的证据表明，无论学生在哪里，这都会对学生产生显著的激励效果。然而，我们在富裕和贫穷地区都遇到了成本和可扩展性的问题。

缺乏辅导资源并不是唯一的障碍，学生们还需要对个体的特别关注，因为他们很难在个人发展区域获得足够的支持，从而进入下一步的探索和学习。

　　这就是我们目前的工作所在，因为人工智能在弥合全球教育鸿沟和促进所有人平等学习方面继续发挥着变革性作用。有了大语言模型，学生们只需要一台智能手机就可以访问这些应用程序。我们最终可能会为世界各地的学生提供世界一流教育的部分甚至全部的主要内容。[①]

　　洛布说："人工智能技术允许不同经验水平的教育工作者使用同一套强大的工具来创造一个有利于学习的环境。技术增强了学生与成年人之间的关系所带给他们的动力。到目前为止，我们掌握的所有证据都表明，学生需要个性化的联系来保持动力，需要一个他们信任的成年人来为他们提供学习材料并一起庆祝成功，或者在他们遇到困难时支持他们。"

---

① 全球大约有 65% 的人口可以上网（尽管这个比例在不同的国家和地区差异很大），全球一半以上的人口拥有智能手机。

25
教育中的人工智能经济学

在世界上任何地方，接受正式教育都是昂贵的。在美国，像路易斯安那州这样的州每年在每个学生身上花费大约 1 万美元，纽约大约是 4 万美元。在印度，公立学校每年在每个学生身上的花费约为 500~1200 美元。尽管资源分配存在差异，但基本模式是相同的。学生们在课程进度上步调一致，要么感到迷茫，要么感到无聊。如果学生在理解一个基本概念时跟不上，授课仍会继续。学校对于个性化教学或弥补学习差距的努力有限，更不用说一对一的辅导了，尽管学生的学业完成情况各不相同——有些人遥遥领先，而另一些人可能落后两到三个年级。

新冠肺炎疫情大规模暴发使情况变得更糟。在 2020 年学校停课期间，许多低收入家庭的孩子的在线学习受到限制。黑人和拉丁裔儿童与白人儿童相比，电脑和互联网访问受限的可能性要高出 1.4 倍，超过 2/5 的低收入家庭的上网受限，使得本已糟糕的情况雪上加霜。2020 年之前，底特律有 6% 的八年级学生的表现达到了年级水平，随后这一比例降至 3%。2019 年，美国中学同一个班级的能力水平平均有三个级差，疫情暴发后，这种差异扩大到六个级差。换句话说，在一个有 30 名学生的教室里，教师必须以某种方式支持那些落后四到五个年级水平的学生，同时又不能让那些优秀的学生感到无聊。

为了解决这一问题，美国联邦政府拨款 860 亿美元作为中小学紧急救助资金，相当于每个美国中小学学生 2000 美元。数十年的研究表明，辅导对孩子来说是一种有效的干预措施，其中很大一部分资金流入了面对面辅导项目。不幸的是，几年后，大部分钱都用尽了，却几乎没有什么用。事后看来，大多数专家认为，这是因为辅导没有与课堂教学活动相联系，并且许多学生发现很难获得辅导。学生们最初可能还会因为参加辅导而蒙受耻辱。

像我们这样的平台就是为了弥补这一差距而存在的——提供个性化的、可获取的、高质量的教育。研究表明，在疫情暴发期间，凡是每周使用可汗学院学习 30~60 分钟的班级，不仅避免了疫情可能导致的学习下滑，而且比疫情前的平均绩点还高出 20%~40%。

而这并不需要花费每个学生 2000 美元，它是免费的。

现在，大语言模型平台建立在这些结果的基础上，以提供更丰富的支持。只要学生需要，人工智能导师会随时出现，包括在课堂上做作业时。它可以准确地告诉教师和家长学生在做什么，以及他们在哪里需要更多的帮助。落后的学生在寻求帮助时不必感到羞耻或尴尬，因为人工智能不是真人。好奇的学生可以提出问题，而不会觉得自己在浪费别人的时间。

提供类似的大规模支持是非常划算且易于获取的，但它不是无成本的。即使在生成式人工智能之前，我们作为非营利组织的年度预算也超过 7000 万美元。这是一个很大的数字，但它也只相当于美国许多地区一所大型高中的预算——而可汗学院每年有超过 1 亿的学习者。我们每年都需要从慈善家那里筹集一大笔资金，以保证内容和软件对用户免费。这些资源对于内容开发、产品开发和服务器成本等都是必需的。

除了支付工程师、设计师、产品经理和内容开发者工资，生成式人工智能还增加了一部分新的费用，即用于迭代改进像 Khanmigo 这样的平台。这是因为像 GPT-4 这样的大语言模型的计算成本非常高。目前，我们对 Khanmigo 平均使用量的计算成本的最佳估计是每个用户每月 5~15 美元。假设我们将拥有数百万用户，这意味着将花费数千万美元的计算成本，我们不太可能仅从慈善事业中筹集到足够的资金来免费提供服务。虽然比面对面辅导要便宜得多

（面对面辅导每小时需 30 美元），但由于我们需要向学区收取访问费用，因此这个平台确实比我们的免费资源更难访问。

也就是说，在慈善事业和当地学区的资助下，这些学区的学生使用这些服务在现在和将来都是免费的。然而，这仍然没有解决贫穷国家的可访问性问题，在这些国家，每人每小时 30 美元的辅导费可能占总教育成本的很大一部分。好消息是，计算成本将变得更便宜，我们将更有效地使用它。这两种趋势将有助于在未来几年内将成本降低 10 倍。如果我们能将成本降低 100 倍（这应该在未来 5~10 年内实现），它将与今天使用非生成式网络应用程序的成本相当。

在这一点上，唯一真正的访问限制与我们在传统可汗学院面临的限制相同：学生需要接入互联网和设备，但并不是每个人都能可靠地使用互联网。尽管如此，随着互联网设备越来越便宜，以及像 SpaceX 的星链这样提供低成本宽带的卫星群的使用，近乎普及性的互联网接入将成为现实。

早期在线学习的一个主要障碍是语言。现在，像 GPT-4 这样的大语言模型可以在所有主要语言中运行。在这里，英语学习者在解决英语单词问题时可以得到母语的支持，甚至可以使用像西班牙式英语这样的混合语言。大语言模型的对话能力使其感觉像是实时交互，培养了一种连接感。更重要的是，它可以用来做很多核心平台的翻译工作。

斯坦福大学的苏珊娜·洛布表示，随着这种连接感的建立，寻找一种低成本、多语言、可扩展的解决方案，以便在全球范围内提供高质量的教育变得至关重要。"我对我们现在能做的事情感到乐观和兴奋。这项技术可以为那些无法获得资源和教学方法的地方带来变革。"

第八部分
评价与录取体系

大语言模型可以有效改进标准化测试。虽然它还不足以完全独立形成高质量的评价体系,但它可以提高出题人、审题人的工作效率,并且以经济和普适的方式,对更开放、更细微的特质进行评价,如写作能力、处理问题的能力和创造性思维的能力。

并非所有能被计算的东西都那么重要,也不是所有重要的东西都可以被计算。

——阿尔伯特·爱因斯坦

评价就是创造:听到了吗,创造者们!评价本身就是值得我们珍视的最宝贵的财富。价值只有通过评价才会存在,没有评价,存在的果实将是空心的。创造者们,你们听好了!

——尼采

26

改进 K-12 阶段的标准化测试

在美国，抨击标准化测试已成为一种时尚。每个州都在每个学年结束时进行"总结性"测试，以衡量学生和学校的表现。人们经常批评这些测试过于狭隘，因为它们主要使用多项选择题，只针对生活中真正重要的东西的一小部分。这可能会给教育工作者造成压力，使他们在课堂上缩小关注范围。

这还不是全部。还有人认为，这些测试占用了学习时间，并且不具有可操作性。等到暑假或下学期开学分数出来的时候，孩子们已经升入新的年级，换了新的老师。此外，学生们也没有什么动力去关心他们在无关痛痒的测试中的表现。另外，成绩的人口统计学差异也可能导致对某些群体或学校的偏见。随着教育变得越来越具有政治色彩，这些考试实际评估的内容缺乏透明度，这让人们产生了怀疑。

不过，当人们对标准化测试提出反对意见时，我喜欢询问他们不喜欢的是哪一部分，以及他们是否得不偿失。如果他们完全反对测试，我就会问他们，如果不进行测试，我们怎么能做得更好呢？如果我们要进行评价，标准化测试可以说更公平，因为它对每个人都适用相同的标准（与"非标准化"的评价相比）。如果问题在于这些测试所评估的内容太过狭隘，那么解决方案不就应该是扩大评估的范围并使其更加丰富，而不是完全放弃这些测试吗？同样，如果批评的焦点是可操作性或透明度，难道我们不能使测试更具可操作性和更透明吗？

最重要的是，尽管标准化测试并不完美，但取消这些测试真的会使事情变得更公平吗？如果一所为少数群体提供服务的学校不知道他们的学生在哪些方面落后以及如何落后，那么他们如何着手解决问题？对教育工作者、学生和家庭来说，知道自己的差距难道不是更好吗？无论如何，这些不足最终都会显现出来，很可能发生在多年以后，即在大学或工作中，而那时再要弥补就难上加难了。

我更愿意思考如何改进标准化测试，而不是试图完全取消它。解决方案甚至在生成式人工智能出现之前就已经存在。有人批评说，教师对标准化考试的结果无能为力。那么，如果能将测试结果输入个性化练习的软件平台，例如，让学生根据标准化测试的数据来解决不同的薄弱环节，那么这些信息就变得具有可操作性。随着时间的推移，个性化练习软件将对学生之前的评价结果进行分析，并为学生提供更有针对性的建议。

事实上，多年来，可汗学院在一些标准化测试中已经这样做了。也就是说，我们利用标准化测试的信息，更好地在课堂上进行差异化练习，从而提高学生的学习成绩。在一项针对 30 多万名学生的研究中，我们利用标准化测试成绩为平台上的个性化练习提供信息，"在 2021—2022 学年……根据年级的不同，每周按照建议用 30 分钟以上的时间参与学习的学生，其学习表现超出了预期，成绩增幅达到 26%~38%[1]。"

在学生学习的同时进行持续的标准化测试，还可以避免占用宝贵的教学时间。我们平台上的每项练习都是标准化的，我们拥有数百万个数据点，可以了解不同年级和人口统计学特征的学生在这些练习中的表现。与其让学生参加每年一两次的传统的期末测试，不如让他们定期在我们的平台上练习技能。然后，教育工作者可以利用生成的数据，以标准化的方式衡量学生的学习情况。这样就能更准确地定期了解学生的表现。通过为学生提出进一步学习的建议，这些数据将更具可操作性。这种类型的持续评估能更有规律地提供更高质量的数据点。传统的标准化测试每年可能会考一到两次，涉及 50~100 个问题，而持续性评估每周都能收集到这么多的信息，甚至让人感觉不到是一次单独的测试。这种方法还能解决学生的积极性问题：如果你的日常练习也在幕后以标准化的方式对你进行评价，你就更有可能关心这些，因为这些工作会影响你的课堂进度和成绩。

对评价和课堂上发生的事情的政治焦虑，很大程度上是由于家长和政治家等外部利益相关者无法直接观察学生的感受。相反，他们依赖第二手和第三手资料，这些资料可能并不完全准确，或者他们并不了解高标准是如何在一场测试或课堂上具体体现出来的。

传统的标准化测试缺乏透明度和灵活性，这既是因为创建测试项目的费用高昂，也是因为这些项目必须确保安全；如果其中任何一个项目泄密，整个测试就会失效。另一方面，如果你有一个易于访问的在线平台，可以从一个庞大的题库中进行自适应测试，那么你就可以让更多的利益相关者随时尝试测试，而不会破坏测试。这是因为自适应测试会根据每个学生在之前问题上的表现，为他们提供不同的问题序列。两个学生不太可能看到同一套题目。

生成式人工智能具有帮助解决所有这些问题的潜力。大语言模型还不足以完全独立创作出高质量的测试题目，但它们可以帮助出题人/审题人提高工作效率。最终，这将使我们能够用同样的资源设计出更多的试题，从而实现新一轮更加透明、更易获取的评价。

即使如此，如何深化和拓宽标准化测试所能衡量的技能仍然是一个问题。虽然多项选择题或数字输入题确实能够评估某些类型的技能，但它们并不能真正反映出学生的写作能力、处理问题的能力或创造性思维的能力。在历史上，要广泛评价这些更细微的任务，成本高得令人望而却步。即使是最基本的开放式试题，也需要专业的人类评审员使用复杂的评分标准和系统来确保一致性。类似于博士论文答辩或求职面试的更丰富的评价历来无法大规模进行。

这种情况即将改变。最新一代的大语言模型有可能让我们以更经济、更普适的方式进行这类丰富的评价。

想想如今的阅读理解测试方式：学生们阅读一段文章，然后做一些选择题。这些问题可能会问一些关于作者意图的问题，然后是四个选项。在未来几年里，我们将越来越多地看到在测试中使用生成式人工智能，引导学生讨论他们的观点或作者的意图，而无须进行多项选择。它将要求学生写出或说出自己的想法，而人工智能能够以一种一致的标准评价学生的回答。更妙的是，它还能与学生进行对话，询问他们为什么会有这样的想法，并讨论他们所依据的证据。整个评价过程就像与一位深思熟虑、富于同情心且有趣的导师进行的流畅、广泛的对话。其中的部分内容可能涉及角色扮演或通过模拟来完成。它甚至不一定要与学习分开。同样的人工智能导师不仅会帮助你，也会积累你已经掌握和未掌握知识的证据。

这不限于语言和阅读理解。在数学方面，人工智能可以要求学生解释他们的推理或提出证明。在科学领域，它可以评估学生设计实验或评论研究论文的能力，这可以说是成为科学家最重要的两个因素。人工智能驱动的模拟可以评估学生解决问题的能力。随着人工智能的视觉水平不断增强，它将能够对视觉作品、图片或演示视频进行点评和评价。

当然，使用人工智能进行评价可能会引起人们的警惕。如果人工智能存在无法立即察觉的偏见怎么办？如果它犯了错误怎么办？我试图将这种假设与现状进行比较。目前的评价是由深思熟虑但容易犯错的人类完成的，他们都带有自己的偏见。我们已经知道，如果不利用人工智能，我们就会局限于一种更狭窄的评价类型。可以说，这种评价会放大一种偏见，即优先考虑容易测量的技能，而不是那些更难测量但可能更重要的技能。从历史上看，当我们能够进行更丰富的评价时，比如博士论文答辩或求职面试，其评价方式与任何标准化考试都不一样，而且有更多的偏见。生成式人工智能让我们能够取两者所长：标准化和规模化，同时兼具丰富性和细微差别。由于其潜在的可及性，利益相关者将更容易亲自试用和审核。

我并不是说我们应该盲目地认可人工智能评价。事实上，我担心很多人会利用它做出一些糟糕的、充满偏见的评价。不过，我也相信，通过适当的关怀、透明度和监管措施，我们就能降低风险，开发出比现在的评价更丰富、更准确、更公平的评价方式。这将对整个教育系统产生积极的影响,重新打开优质教育的大门。通过评价长期以来被认为是难以估量的技能,如沟通能力、创造力和好奇心,会促使教育系统更加关注人的全面发展。

27
提升大学招生的公平性与效率

    大学录取考虑的传统因素包括学习成绩、标准化测试、课外活动、论文和推荐信。人工智能将改变其中大部分（而非全部）因素的评估、发展和评价方式。

    我已经论证过，生成式人工智能将改变学校作业和课堂评分；学生将能完成更丰富的作业，而教师在评分时将得到更多支持。我还讨论了标准化测试可能发生的变化。评价将更加深入，更具可持续性，与学习的关系也将更加模糊。随着时间的推移，SAT 和 ACT 等标准化考试将朝着这个方向发展，或者新的评价方式也将抓住这个机会进入评价领域。

除了课外活动，剩下的部分，即论文和推荐信，两者都涉及写作。这是大语言模型引发一些非常重要的伦理问题的最明显的领域。教师和指导顾问可能会使用生成式人工智能来撰写推荐信。学生很可能使用大语言模型生成看起来令人印象深刻的文章，但却歪曲了他们的实际写作能力或创造力。这对招生人员准确评估申请人作品的有效性提出了挑战。

然而，顶尖大学的招生负责人告诉我，生成式人工智能的出现只是让他们看到了早在大语言模型出现之前就已经知道的不公平现象。以"校园蓝调"丑闻为例。在这起事件中，富有的名人家长花费数十万美元雇用了一名不道德的大学招生顾问，该顾问不仅代写申请论文，还完全捏造课外活动，包括活动照片。虽然这是一个极端的例子，但围绕着大学招生顾问存在着一个只有富裕的家庭才能负担得起的产业。在我居住的硅谷，顶级顾问的收费大约是每小时400美元。协助一名学生完成一个大学录取周期的费用可达数万美元。这些顾问都做些什么呢？道德水平较高的顾问会就如何处理课外活动和论文题目向学生提供建议，帮助选择大学，并就早期的论文草稿向学生提供周到的反馈。他们可能会对学生的论文进行大量修改，实质上是在替学生写论文。无论哪种情况，这些富裕的学生都会得到极大帮助。即使他们没有聘请顾问，很多人也掌握了很多关于大学录取过程的内幕消息，并利用这些消息为他们的孩子提供帮助。

显然，像 ChatGPT 这样的工具更容易为负担不起高价顾问的广大人群所使用。就像这些顾问一样，生成式人工智能可以用于道德和不道德（或介于二者之间）的目的。现在，它为每个人打开了进入道德灰色地带的大门，而这曾经只是富人才能涉足的领域。

在推荐信方面，类似的情况也有可能发生。高价招生顾问无法撰写推荐信，但为富裕学生服务的指导顾问和教师往往更了解如何为学生提供最好的大学录取机会。较富裕的学校往往班级较小，教师和指导顾问可以更好地了解学生，有更多的时间为每个学生撰写推荐信。现在，写推荐信的人可以使用生成式人工智能工具，更好地表达申请人的实力。

因此，从积极的一面来看，生成式人工智能可以帮助缩小贫富差距。不仅仅是富裕阶层，现在每个人都需要决定什么程度的帮助才算过多。从消极的一面看，道德水平较低的学生很可能会尝试突破极限，使道德水平较高的学生处于不利地位。与此同时，招生负责人需要考虑的是，论文写作的整个过程是否还能为招生提供可信的信号。

要解决这个问题，首先值得质疑的是，为什么要把论文和推荐信作为招生的一部分。在大多数国家，进入名牌大学是一个相当客观的过程。在印度，印度理工学院（IITs）的录取完全基于联合入学考试（JEE）。印度理工学院招收考试分数最高的学生，但也为一些代表性不足的群体设置配额。分数最高的学生不仅可以选择自己心仪的校区，还可以优先选择专业。在印度，这是为了避免出现腐败现象而刻意为之，而腐败现象往往会感染印度的其他院校。录取不涉及论文、推荐信或课外活动等任何主观因素。

另一方面，美国名牌大学的招生主任会谈论一些主观的东西，比如"建立一个多元化的未来领袖社区"。是的，他们在一定程度上以考试成绩和绩点为指标，但是，许多顶尖学府面对的情况是，它们可以用成绩完美和绩点满分的学生填满他们的新生班级，甚至超出几倍。换句话说，在一些顶尖学校，一半申请者的成绩和考试分数都表明，如果被录取，他们在学业上完全可以取得成功，但学校只能录取其中的3%~6%。这就导致了一个非常主观的过程，即通过论文、课外活动和推荐信来衡量学生的个性和背景。学生是否克服了困难？他们看起来有协作精神吗？他们将来是否有可能对世界产生影响？对十七八岁的年轻人来说，这些都是很大、很深奥的问题。我想很多人都会怀疑，招生官能否根据一些受外界影响较大的文章和推荐信来判断学生的这些品质。

课外活动可以说是学生领导力或社会责任感更具体的体现，但这也很难判断。学生是靠自己的努力赢得了国际科学展吗？他们的实验研究心脏病，而他们的母亲是一名心脏病学家，这是巧合吗？志愿者的工作是实质性工作，还是只是听起来让人印象深刻的工作？

这一切都导致了美国竞争激烈的大学招生中的随机性，任何参与过这一过程的人都清楚这一点。许多最聪明、最善于合作、最有才华的人被拒绝的次数远远超出了人们的预期。通常的假设是，他们没有足够出色的推荐信或独特的论文。另一方面，访问任何一所择优录取的大学，你都会遇到许多令人印象深刻的年轻人。同时，你也可能会遇到许多在学业上挣扎的学生，或者似乎没有体现出谦逊、协作或领导力等特质的学生。大多数人认为，这些学生非常善于在论文中构建关于自己的叙事，并在系统中进行博弈，或者他们的家庭很善于雇人帮他们做这件事。

但是，如果我们能有更标准化的方法来评价"软技能"，如领导力、协作、同理心和社区服务呢？更妙的是，如果这些评价方法能够与准确评价学生学术能力的方法结合起来呢？事实证明，这种思路早在人工智能出现之前就已经存在，但人工智能将把事情推向另一个高度。

2020 年，我推出了 Schoolhouse.world，通过 Zoom 为任何人提供免费的实时辅导。考虑到许多学生因新冠肺炎疫情而在学业上落后，这比以往任何时候都更有必要。通过招募有资质的志愿者来提供辅导，我们得以保持免费。审查过程的第一步是确保志愿者精通他们要辅导的教材。他们要接受相应的评估，同时使用一个单独的工具记录他们的面部表情和屏幕显示。志愿者必须大声解释自己的推理过程。如果他们在评估中得到至少 90% 的分数，视频就会提交给同行审查。如果一切顺利，他们就可以开始家教之旅，其中还包括更多的审核和家教技巧培训。这是一种严格的方法，以确保家教质量。每次辅导结束后，学生们都会给志愿者打分。志愿者们有一个成绩单页面，上面总结了他们获得认证的所有科目、辅导次数、平均评分以及他们希望突出显示的社区的定性反馈。

芝加哥大学的招生负责人吉姆·南道夫很快就联系了我，询问他们是否可以在大学招生中使用Schoolhouse.world的家教成绩单。他的理由是，任何一名高中生如果在微积分等课程上担任过评分很高的家教，那么他肯定对这门课程非常了解，尤其是考虑到我们严格的审核程序。更重要的是，如果他们做过多次家教并获得很高的评价，那么他们也很可能具有很强的领导力、沟通能力和换位思考能力，更不用说他们致力于花几个小时免费做家教来帮助他人。我们认为这是个好主意，于是那年秋天，芝加哥大学将Schoolhouse.world成绩单作为申请过程中的一个可选部分。在下一个招生周期，麻省理工学院也加入了进来。三年过去了，名单上的大学已经增加到18所，其中包括耶鲁大学、布朗大学、加州理工学院、佐治亚理工学院和哥伦比亚大学，而且每年还在增加。

这些大学都非常看重Schoolhouse.world的成绩单，原因与吉姆·南道夫一样：这是一种动态的、标准化的方式，既可以衡量学生的学科能力，也可以衡量学生的沟通能力、换位思考能力、社区服务能力和领导力。过去，如果学生说他们定期参加社区服务，招生官并没有太多的依据，而在Schoolhouse.world的成绩单上，他们服务的范围和质量都是以标准化的方式量化的。在数百次的家教辅导中，伪装成一个高质量的导师几乎是不可能的。正因为如此，我在与其中几所学校的早期交流中了解到，提交这些成绩单的学生的录取率通常高于其他学生。这样做的另一个好处是，它也极大地激励了那些雄心勃勃的高中生做家教并帮助他人。

人工智能如何发挥作用？首先，Schoolhouse.world 已经在使用人工智能为志愿者教师们提供辅导课程反馈。人工智能可以通过成绩单"观察"Zoom 课程，并为志愿者教师们提供改进建议。在不久的将来，它还能为他们提供实时提示，告诉他们如何更好地为学生服务。最终，它将能在 Schoolhouse.world 的成绩单上对教师的风格和能力进行叙述性评价，为招生人员提供另一种丰富的意见。最重要的是，Schoolhouse.world 的例子让我们看到了如何利用人工智能重构招生工作。

如果人工智能能与学生、指导顾问和教师进行大量的文字或语音面试，而不是仅仅撰写论文或推荐信，结果会怎样？像我们这样的一套协议可以确保受访者是单独的，而不是通过其他人来投喂答案。最终，人工智能还可以利用视频，这对人来说是很难做到的。用来面试的人工智能将了解学生的成绩、SAT/ACT 分数和课外活动，然后利用这些信息提供准确的推荐信。学生仍然可以提交论文和推荐信，但人工智能可以深入挖掘受访者，确保学生真正了解自己在说什么。

招生面试通常由与学生居住在同一地区的校友进行，并不是对所有候选学生进行统一面试，而且面试结果也存在相当大的差异。他们可以帮助招生官筛选出有明显问题的申请者，但对大部分在纸面上看起来很优秀的学生来说，面试就没有什么用处了。人工智能使这一过程的可扩展性、一致性和可审计性大大提高。在这种情况下，人工智能可以持续地总结学生与面试人员的互动情况，并根据招生办公室创建的评分标准从多个维度对其进行评分。

人工智能代理甚至有可能亲自为学生担保，就像熟悉学生的老师一样。你可以这样想：像 Khanmigo 这样的人工智能平台已经与你合作了一段时间。不管你是用了一个月还是用了很多年，它都了解你的优势和爱好，并能拟真地描绘出有关你的动态图景。到了申请大学的时候，人工智能可以为你写推荐信。每一位使用该平台的学生的推荐信都是标准化的，只是它根据与每一位学习者相处的经验拥有不同的记忆。想象一下，如果全国每个人都有同一个老师。这个老师其实是一个很好的仲裁者。如果我们想把这一点发挥到极致，目前还不清楚我们是否可以这样做，人工智能推荐人可以与招生方的人工智能面试官对话，看看是否有合适的人选。

我知道这会引发双向偏见的担忧。有些偏见是你想要看到的。你希望这个过程偏向于有思想、善于合作的年轻人，他们可能是谦逊的未来领袖。当然，你也不希望出现性别、种族、宗教或地域偏见。百分之百无偏见的解决方案似乎是不可能的，但这不应该成为障碍。相反，任何人工智能系统都需要明显优于现实招生体系，而现实招生体系通常会涉及各种偏见。这不是随便说说的。在2018年联邦最高法院审理的一起案件中，明确证实哈佛大学的招生官一直对亚裔美国人申请者的个性特征评分较低，甚至常常武断地推翻面试官的观察结果。哈佛大学的录取程序从"学术"、"课外"、"体育"、"个人"和"整体"五个方面对申请者进行评分，按照1~6分对学生进行排名，1分为最好。白人申请者的个人评分高于亚裔美国人，21.3%的白人申请者能获得1分或2分，而亚裔美国人只有17.6%的人获此分数。校友面试官给亚裔美国人的个人评分与白人申请者相当，但招生办公室给亚裔美国人的评分是所有种族群体中最差的。[2]

在这场重大诉讼之后，这些数据才浮出水面。在大多数情况下，这个非常不透明的过程中蕴含的偏见被很好地隐藏了起来。基于人工智能的面试官和评审员的强大之处在于它们可以被审计。你可以用具有相同资质、不同人口统计学特征的申请者对它们进行测试，并公布结果，以确保不同种族、性别或背景之间的一致性。

人工智能并没有给大学招生带来新的问题，而是迫使我们认识到现有大学招生的不足，同时提供了积极变革的可能性。审慎地使用人工智能，再加上一点不断求索的勇气，或许能让我们迈向一个更加公平、更加透明的世界。

第九部分

面向未来的工作与竞争

解决就业问题的最佳方法是颠倒劳动金字塔，让大多数人能够在顶层工作，并利用人工智能和其他技术提高自身的生产力和创业能力。在未来几十年里，利用人工智能技术提升一大批人的技能，帮助他们建立目标，获得对世界做出贡献的感觉。

明知道永远都无法坐在树荫里但仍坚持种树的人至少已经开始理解生命的意义。

——泰戈尔

先像专家一样学会规则，然后像艺术家一样打破他们。

——毕加索

28

人工智能时代的就业需求

许多人担心人工智能会导致大规模裁员,而人工智能驱动的新工具能比人类更快、更便宜、更高效地完成工作。一些公司已经暂停招聘他们认为人工智能将在未来几年取代的岗位。2023年,IBM(国际商业机器公司)宣布将在五年内暂停或放缓30%的后台招聘,以应对最终可能由人工智能完成的工作。IBM的这一消息表明,未来的工作将以不同的方式展开,后台或中台的工作将消失,非直接面对客户的工作也将消失,这些工作包括编制预算、管理数据、完成办公室维修和整理记录等。通过解读这些信息,我们可以看到未来的发展方向。

在人工智能充斥的市场中，工作将会是什么样子？我们该如何让学习者做好准备？自从 ChatGPT 问世以来，许多知情人士一直在说，你不会被人工智能取代，但你可能会被其他使用人工智能的人取代。

使用人工智能的作家和撰稿人的工作效率可能会提高三到五倍。软件工程师也将如此，他们正在使用人工智能助手来调试和编写他们的大部分代码。平面设计师将能够通过调整一系列基于文本的提示，制作出 50 种不同的徽标。鉴于生产力的提高，我们还需要那么多文案人员、工程师和平面设计师吗？

我认为这将是一个喜忧参半的局面。因为我们正处于这样一个技术逻辑拐点，它让我们能够利用生成式人工智能做更多的事情，所以对工程师的需求，尤其是对那些生产力高出 5~10 倍的工程师的需求，只会有增无减。我们在过去就看到过这种情况。21 世纪初，全球化加速，大量软件工程工作被外包给印度等地。当时，作为一名年轻的工程师，我认为自己必须去商学院学习，转而从事金融行业，以免被国外的低成本劳动力所干扰。

我错了。从那时起，软件工程师工资的增长速度远远超过了通货膨胀率。这是因为智能手机和互联网的兴起为新的软件解决方案创造了有利环境。生成式人工智能为未来创新营造了更加成熟的环境。在我看来，因为有了生成式人工智能，工程师们可以创造性地应用这些技术来解决几乎所有行业的新问题，他们的工作机会将无处不在。

另一方面，我并不看好目前撰写每日股市动态的人。尽管现在还未发生，但这类任务很快就会由生成式人工智能来完成。能够生存下来的文案和技术撰稿人将是那些深度依赖人工智能来提高工作效率的人。其他 90% 的人将不得不另谋出路。

好消息是，生成式人工智能将需要新的类型的工作。当今最热门的工作之一是提示语撰写人或提示工程师。两年前，没有人知道这些工作是什么。事实证明，思想开放、富有创造力的文案撰稿人可以很好地胜任其中的一些职位。生成式人工智能还让我们看到了安全、安保和反偏见方面的全新机遇。我相信，随着越来越多的企业开始研究如何应用这项技术，新的机遇将会不断涌现。

就像教师利用人工智能来帮助他们完成更多机械、烦琐的工作一样，从人力资源到管理等各个岗位都将开始让人工智能负责制作招聘信或会议报告。从表面上看，这很不错，也很有帮助，但我也不禁考虑到了更大的后果。

这不仅仅是个人工作的问题。人工智能引发的自然选择也将在企业层面发生。如果我们有两家公司，一家规模更小、更精简、自动化程度更高，另一家规模更大、速度更慢、更依赖人力，随着时间的推移，小公司将能够以更低的价格提供同等或更好的产品，并开始从大公司那里获得更多的市场份额，最终导致工作岗位的净流失。这是我们在许多行业看到的共同趋势，随着自动化和技术的飞速发展，这种趋势还将继续。一方面，小公司能够更高效、更便宜地提供商品或服务，这对消费者是有利的。另一方面，对直接受影响的人来说，工作岗位的减少可能会使他们变得困难。

这个进程已经开始以戏剧性的方式展开。2006年，教育技术公司Chegg推出了一项服务，为近300万客户提供家庭作业、数字教科书和实体教科书租赁以及在线辅导等方面的帮助。就在ChatGPT诞生的前两年，它还被《福布斯》誉为美国最有价值的教育科技企业。ChatGPT一经推出，Chegg就转向人工智能并开始将其纳入平台，但仍无法与ChatGPT匹敌。2023年5月，Chegg公布季度收益时，首席执行官承认，平台服务一直在努力追赶OpenAI的产品，因为有太多的学生在使用大语言模型来帮助他们做作业。Chegg承认，由于ChatGPT的影响，公司已经不能预测当年能赚多少钱了。这一爆炸性的言论导致Chegg的股价暴跌近50%。自从生成式人工智能出现以来，许多人担心这些工具会颠覆老牌企业。尽管这种担心曾经很遥远，但它一直是一种猜测，直到它突然变得有点过于真实，出现了这样的故事。

这并非我一个人的感受。

沃顿商学院的伊桑·莫里克说："人工智能对每个行业、每个人、每份工作的影响都会不同。""根据我们的早期研究，受人工智能影响最小的工作是屋顶工程，但我和几个瓦工聊过，他们说，'实际上，屋顶工程也会发生变化，因为我们现在可以在人工智能的帮助下完成所有提案'。"

当你开发出能够理解语言、识别模式和解决问题的人工智能，以及能够诊断疾病、进行股市交易、谱曲、打官司、理解情绪、分析遗传密码、处理保险理赔、喷洒杀虫剂、进行工程设计和撰写文章的人工智能时，不难相信，更多的变化即将到来。成功的策略不是抵制，而是适应。

29
培养孩子的职场技能

在我们推出 Khanmigo 的前几个月,我和斯坦福大学计算机科学系的教授克里斯·皮希一起在该校发表演讲。他给我讲了一个故事:他指导的一名斯坦福大学的年轻学生来到他的办公室。皮希说:"她非常沮丧,说她刚刚学会如何编程,而现在人工智能却能做得更好。她觉得她已经被边缘化了。"

在过去的 20 年里,软件工程和数据科学一直是最热门的两个岗位。如果年轻人想成为未来的一部分,我们鼓励他们从事这类职业。我们倡导学生学习如何编码,成为数字经济的一部分,但我们现在知道,生成式人工智能可以很好地做到这一点。

这就造成了紧张关系。为了防止作弊，我们不敢让孩子们在学校使用人工智能工具，尽管他们未来的工作需要与这些工具紧密共生。比尔·盖茨所说的另一个"令人困惑的悖论"加剧了这种情况。我们现在有了一种工具，可以让那些想要学习的人变得更容易，但可悲的是，在某些情况下，它让人们怀疑自己是否需要这些技能。为什么学生要学习人工智能可以做得更好的技能？

"那你跟她说了什么？"我问皮希。

"我说，我相信编程能力将会非常重要。我告诉她，如果她想创建任何类型的主要解决方案，包括使用生成式人工智能的解决方案，即使生成式人工智能可以编写代码片段，但你也需要知道这些片段如何才能组合在一起。"

他说，换句话说，学会与生成式人工智能协同工作非常重要。要构建任何东西，你仍然需要知道这些部件是如何组合在一起的，以及它们是如何工作的。

了解并使用人工智能的初级员工将比不了解人工智能的员工效率高得多。我 14 岁的儿子喜欢编程，并立志将来要开发电子游戏。我认为他很有机会实现这个梦想，但我也鼓励他使用生成式人工智能来完成更多大项目，这是他通常无法独立完成的。他将能够开发出在生成式人工智能技术出现之前需要 6 个专业工程师团队才能完成的游戏。

有资料表明，生成式人工智能能够真正熟练地进行写作。这并不意味着人们不应该学习如何写作。如果我的孩子们来找我，说他们想成为一名编剧，我会告诉他们要非常擅长写剧本。然后，我会鼓励他们使用生成式人工智能，承担更多更有创造力的项目。你需要精通一门手艺，才能知道什么是高质量的状态。此外，一个对故事和电影有强烈感觉的人将不必止步于编剧阶段。编剧实际上可以在生成式人工智能的帮助下创作电影。这项技术已经可以创作音乐和视频，它甚至可以编辑原始素材。过去耗资数亿美元、耗时数年才能制作完成的电影，可能很快就能由少数电影专业的学生用很少的预算完成。我们不知道这些系统会在多大程度上变得更好，但即使是目前这一代的人工智能，也已经开始对电影行业和许多其他行业造成类似的破坏。

沃顿商学院对人工智能提高生产率的早期对照研究表明，在许多高强度的分析任务中，人工智能的绩效提升了30%~80%。这些任务包括更强、更简洁的写作、分析、咨询和编程。[1]

莫里克说："如果你想在这些领域有所作为，人工智能现在和将来都会是你生活的一部分。你需要弄清楚，你是否能利用人工智能将工作效率提高十倍——这意味着人类仍然需要参与其中。如果你想成为一名文案编辑、程序员，甚至是一名瓦工，你就需要成为一个半人马（希腊神话里半人半马的怪物），只不过不是半人半马，而是半人半人工智能。"

为了满足这个新世界的需求，教育工作者必须或明或暗地让学生们继续熟悉这些工具，了解它们所拥有的力量。生成式人工智能被称为通用技术，这种技术的出现非常罕见。想想蒸汽动力、计算机或互联网带来的变革吧。生成式人工智能很可能比以往任何一个里程碑更快、更深刻地改变我们的生活。

工业革命的核心是劳动力的分工。我们建立了流水线，然后工人们从事流水线上的专门工作。这种趋势一直延续至今，再加上许多大厂已经开发出许多复杂系统（比如 ChatGPT），在人工智能世界中，专业化的好处将继续存在。

比尔·盖茨告诉我："未来的就业市场究竟是什么样的，很难预测，但无论是医疗咨询、科学思维还是客户支持，技能越深厚，其价值就越大，即使在生产力将被人工智能提升的世界里也是如此。他说，孩子们不仅比以往任何时候都更有理由继续学习他们感兴趣的领域，而且应该加快学习这些技能，并尽可能学得更好。"入门级工作将要求人们了解如何使用大语言模型及其提供的所有工具。你需要他们完成从发票到商业计划的所有内容。工作场所会鼓励员工创造出最好的产品。你的技能水平越高，你的劳动力价值就越大。这就是"劳动力 + 人工智能"，二者共同发挥作用。

然而，在我们正在进入的世界中，这不仅仅是专业化的问题。成功者可能在一两个领域有很深的造诣，但他们也需要在广泛的领域具备企业管理方面的专业知识，才能把所有的碎片拼接在一起。

这并不是什么新鲜事。当我创办可汗学院时，我知道如何编写代码，所以我能够在不需要任何资金或帮助的情况下开始制作原型。我还善于将已有的工具组合在一起，并从中看到别人没有注意到的实用性。我使用 YouTube 看视频，用即时通信工具和我正在辅导的表亲们交流。我曾是一名对冲基金分析师，所以尽管我以前从未经营过非营利组织，但我对财务和会计的了解足以让它起步。能够以这种方式开展项目的人去创业总是有优势的，但他们自己能走多远会受到诸多限制。某些时候，他们需要筹集资金和雇用员工。正如软件和互联网促进了显著的增长一样（作为业余爱好，我自己就能将可汗学院的用户数量扩大到 10 万），新一代人工智能将让下一代创业者走得更远。

我们正在进入这样一个世界：我们正在回归到工业革命前的匠人体验。一小群了解工程、销售、市场、财务和设计的人将能够管理生成式人工智能大军，并将所有这些碎片组合在一起。

经济学家在谈论生产要素时，会提到资本、劳动力、土地和能源等其他资源。但他们也谈创业精神。从经济学的角度来看，创业精神实际上是一种创造力，知道如何把资源整合在一起以创造价值。那么，我们该如何培养每个学生成为这样的企业家呢？

第一步是摆脱困境。我相信，所有人与生俱来都具有高度的创造力和创业精神。不幸的是，我们在工业革命时代所设计的教育体系无意中抑制了这两种特质。孩子们学会了排排坐、不发出声音和记笔记。他们被灌输知识，被迫按部就班地学习。无论是在学业上还是在社会上，不合群的行为都会受到惩罚。当学生们还是年轻人，最有可能成为富有创造力的企业家的时候，这种制度反而使他们陷入繁忙工作中，把激情从他们的时间中挤走了。

第二步就比较传统了。正如比尔·盖茨提到的，未来成功的工人将是那些拥有精湛和广泛技能的人。读、写、算这三种能力比以往任何时候都重要。除此之外，对历史、艺术、科学、法律和金融的扎实鉴赏力和理解力也会让人更加出色。幸运的是，我们现在拥有确保掌握这些技能的技术工具，而不必强制推行工业时代的封闭式学习。

最后，现在比以往任何时候都更需要学生具备较强的沟通、协作和换位思考能力。传统的创业精神往往让人联想到创办企业，但我所说的创业精神则更进一步，包含了更多的个人观点。它是一种能力，能够审视自己工作的各个部分，看到任何需要解决的问题，知道自己必须把研究重点放在哪里，并了解解决问题所需的各个环节。要想在人工智能世界中茁壮成长，每个人都需要成为这样的企业家，即使他们是在为别人工作。为了实现这一目标，学校可以通过让学生更经常地掌握主动权，利用人工智能工具更好地支持学生掌握核心技能，并腾出时间让学生发挥主观能动性和创造力。

30
连接求职者和雇主

1999年,《计算机世界》(Computerworld)杂志在一篇关于新千年的封面故事中,请我预测未来10~20年可能发生的事情。我非常惊讶,他们竟然会问我这个刚刚大学毕业、在甲骨文公司担任新产品经理的人,因为他们采访的其他19个人都是像比尔·盖茨和拉里·埃里森这样的科技巨头。主编曾参加过我的大学毕业典礼,当时我作为班长在典礼上发言;他认为在这个组合中加入更年轻的视角会很有意思。

不管怎样,我不想浪费这个机会,于是我提出了我认为可行的最超前的想法。我谈到,在未来的"网络空间"里,我们都将拥有人工智能的个人代理。这些代理可以为你采购物品、促成交易，甚至在雇主和雇员（或恋爱对象）之间牵线搭桥。23 年过去了，在很大程度上，我的预测并没有实现。人工智能还没有发展到这种程度。

时至今日，这个最新一代的生成式人工智能有可能让我之前的预测变得保守。尽管我在 1999 年对人工智能的发展持乐观态度，但我们在 2020 年代初看到的一切，远远超出了我在有生之年所能想象到的任何事情。作为我们的私人代理，人工智能能为我们做很多事情，其中包括为我们发布求职信息，寻找、申请甚至获得工作。

按照惯例，对公司的每个空缺职位，我们都会撰写职位描述。如今，招聘经理必须首先花时间撰写职位描述，或与人力资源部门的人员一起撰写职位描述。一旦我们发布空缺职位，我们通常会收到几百份简历。然后，我们让人才招聘团队对这些简历进行筛选，这是一项非常烦琐的工作。因为这些筛选人员实际上只能在每份简历上花几秒钟的时间，他们的眼睛很可能会盯着一些东西，比如以前雇主的名牌、以前职位的关键词或知名大学的学位。可以想象的是有时他们会有心情深入挖掘，但有时他们没有。这还不算他们的个人偏见。这个过程很可能会错过很多优秀的求职者，尤其是那些没有在知名公司或学校待过的求职者。

无论如何，我们的招聘人员都会对一小批候选人进行电话筛选，并可能进行更多的面试。如果候选人根据招聘人员的主观判断通过了 30 分钟的电话筛选，那么他们将接受 4~6 名团队成员的面试。由于时间安排的复杂性，这需要几天或几周的时间。这也是相当昂贵的：由时薪相当于 100 美元的团队成员进行 6 次 1 小时的面试，就要花掉我们 600 美元，这还不包括准备和汇报的时间。为了避免不一致，我们给面试官提供了一个问题框架。然而事实上，面试官的喜好和情绪很可能决定了谈话的走向。最终，我们希望能得到一个信号，表明我们找到了一个最佳人选，并祈祷我们招到了一个好员工。几乎所有地方的招聘都有类似的过程。

这对双方来说都是一个不完美的过程。我们可能忽视了一些优秀的候选人，花费了大量的时间和精力才最终发出聘书，但我们知道这个人不一定与公司需求完美匹配。此外，就其本质而言，这个过程并不完全一致。如果人们的个人偏见使某些应聘者在与工作无关的事情上获得支持或遭到反对，我也不会感到惊讶。

如果各方都有无限的时间和精力，招聘人员和招聘经理就会与每个候选人进行深入交谈。他们会始终如一地采用同样的标准，以同样的心情和热情对待每一位应聘者。最好是我们可以通过对候选人进行测试，来审核这一过程是否存在偏差。此外，在理想的世界里，做出决定只需要几个小时，而不是几天或几周。

这似乎不太现实，但现在完全有可能接近这一理想。

大语言模型已经可以以相当明显的方式简化标准程序。招聘人员可以用它们来帮助起草招聘启事和面试问题。应聘者可以用它们来创作求职信和简历。然而，这只是冰山一角。

　　未来，如果你正在找工作，一个利用大语言模型的应用程序将创建一份交互式简历，以便你和招聘单位的人工智能进行交流。不同于提交简历和求职信，每个求职者都能自动与人工智能招聘人员进行丰富的对话，这种体验可能会给每个人带来更公平的机会。

　　你甚至无须等待雇主的机器人与你安排时间，雇主的招聘机器人会与你的代理机器人对话。该代理机器人将根据你的工作经历和与你进行的大量会话，学会如何准确地代表你。

　　因为它从你还是学生的时候就与你在一起，而且你允许它访问你的全部工作和教育经历、你的技能组合、你的兴趣，甚至你制作的工作简历，所以它会问你想找什么样的工作，以及你可能想探索的职位类型。它甚至可以帮助你思考与你的人生目标相匹配的职业和教育发展潜力。你可以把它当作一个知道如何向潜在雇主介绍你的超级生活教练。

　　然后，它将通过与发布相关职位的其他人工智能机器人对话，代表你寻找合适的职位。作为求职者，你的AI工作代理可以阅读所有招聘信息。如果你想转行，但又没有99%的雇主想要的合适经验，你的AI工作代理可以找到那1%愿意给你机会的人。你的AI求职代理可能会汇报说，它刚刚与上千名雇主进行了交谈，发现有一些雇主非常看重你是外行人这一事实。想象一下，一个生成式人工智能可以在领英上招揽人才，并为你提供应聘机会，这该多令人激动。

从理论上讲，这些机器人可以相互进行无限对话，并最终收集到最适合双方的信号。说到底，如果我是招聘经理，我的人工智能招聘助理会根据它与所有候选人的人工智能代理进行的模拟对话，向我推荐它认为我应该与之交谈的前5~10个人。

这不仅限于筛选候选人。人工智能招聘助理将能够与候选人提供的推荐人进行互动。在此基础上，它可以进一步完善推荐意见。

即使在与应聘者进行现场面试时，人工智能招聘助理也能在你耳边悄悄地问你一些好的后续问题，或提供实时反馈，以确保你的面试尽可能公平和一致。

对每个人来说，工作申请和招聘过程都将变得更加公平、快捷，资源密集度也将大大降低。每个人，或者至少是他们的人工智能代理，都会得到人工智能招聘助理的面试机会。每家公司都有机会通过你的人工智能代理了解你。他们会查看你的全部工作经历。可以想象的是，在这个世界上，传统的简历可能不再适用或有用，因为你的人工智能代理能更好地代表你。

必须承认，这可能会让一些人感到不安。事实上，人们对人工智能最大的担忧之一就是它在筛选简历或面试候选人时可能会引入偏见。我会第一个承认，要创建一个没有偏见的系统几乎是不可能的。但我认为，与主观且充满偏见的现状相比，如果人工智能可以明显减少偏见并保持一致，那么它就是一种进步。是的，我们应该严格审查任何声称可以协助招聘过程的人工智能系统，但我也认为，最终你会拥抱这样的工具，它不仅使招聘过程更具包容性、更有效率，而且还大大减少了偏见。

后记
培养孩子在人工智能时代的竞争力

我得坦白一件事。我曾经以为自己会成为一名人工智能研究员。我过去认为,现在仍然认为,智能和感知是宇宙中最大的奥秘,二者是两码事。我对能够制造出与我们一样聪明,甚至更聪明的东西的想法非常着迷。我几乎读过所有关于这个主题的科幻小说。我喜欢思考我们如何才能证明另一个生命是否真的有知觉。毕竟,我们只能直接感知自己的知觉。其他生物——包括我们生活中的其他人——是真正有知觉的,而不只是表现得像而已,这确实是一个信仰的飞跃。我曾经认为,理解智能的最好方法就是制造出具有这种能力的机器。

1994 年，当我还是麻省理工学院的一名新生时，我很幸运能接触到当时人工智能领域的几位泰斗。我找到帕特里克·亨利·温斯顿担任我的新生顾问。他是麻省理工学院人工智能实验室的主任，也是当时人工智能经典教科书的作者。我选修了他的"人工智能导论"课。我还选修了马文·明斯基的"心智社会"课。明斯基是温斯顿的导师，也是人工智能实验室的创始人。他还获得了计算机科学的最高奖项——图灵奖，以表彰他"在创建、塑造、促进和推动人工智能领域中发挥的核心作用"。他的思想被认为是人工神经网络领域的基础。在斯坦利·库布里克拍摄《2001 太空漫游》时——这也是历史上最著名的人工智能电影——他也是该片的人工智能顾问。

这些教授都非常聪明、富有创造力和灵感，但我发现自己对这一领域的现状和缓慢发展感到失望。最令人印象深刻的人工智能系统可以玩国际象棋等游戏，但它们只是擅长提前预测。不管这些系统有多么熟练，没有人真正相信它们会像我们一样聪明。从哲学的角度来看，人工神经网络令人信服，但在当时，它们并不能做出任何真正令人惊叹的事情。二三十年来，没有任何重大的新想法出现。我当时并不知道，这正是后来被研究者视为"人工智能寒冬"的尾声。

于是我决定继续前进。我仍然热爱计算机科学，并认为我最终会尝试创办某个类型的科技公司。但是，与智力有关的问题，以及由此延伸出的教育问题仍然吸引着我，因为这些问题似乎是推动社会进步的根本所在。大三结束后的那个暑假，我获得了一笔奖学金，用于开发一款软件，让学生可以按照自己的时间和进度学习和练习数学。听起来是不是很熟悉？

我开始相信，人类有很多潜在的、未被利用的潜力。对每一个天生具备成为爱因斯坦或居里夫人的人来说，有多少人得到了教育和支持来实现这一目标？如果有了更广泛、更容易获得的教育，我们可以把有能力实现重大科学、艺术或创业飞跃的人数增加 10 倍或 100 倍，那会怎样？我们还能治愈多少疾病？我们探索宇宙的速度会加快多少呢？

我的好奇心不仅仅在于培养天才。我想知道，如果每个人都能接受真正优秀的教育，那么还有多少亿人可能实现他们的人生目标和意义？

但现实的背景就在眼前。我在一个单亲家庭长大。我出生后不久，父母就分居了，我只在父亲去世前见过他一次，那时我才 4 岁。他是一名儿科医生，出身于孟加拉国一个显赫的政治家和学者家庭，但我们从未得到过任何经济资助，因为我感觉他自己也只能勉强维持生计。他去世后，我和妹妹继承了一辆日产森特拉，不过这辆车欠下的债务比它的价值还高。我唯一能拼凑起来的信息是，他和我母亲极不相容，因为他们是包办婚姻，而且他很可能患有抑郁症。在我生命中的大部分时间里，我母亲都在不同的便利店做收银员，挣到的钱略低于贫困线。麻省理工学院的助学金很慷慨，但我毕业时仍欠下了大约 3 万美元的债务。当时正值科技热潮，当我发现作为计算机科学专业的应届毕业生每年可以赚到 8 万多美元时——这大约是我母亲收入的 5 倍——我认为我不能错过这个机会，于是我在甲骨文公司找到了一份工作。

后来，我进入商学院深造，并在一家公司担任对冲基金分析师。我当时的未婚妻也是现在的妻子对我大加指责，抱怨我没有用我的才华和受过的教育为人类做任何有益的事情。不过，我发现投资在智力上令人着迷。它驱使我研究世界是如何运转的，以及市场的生命力。我也需要钱。我还要偿还商学院的债务。我还知道，我还要供养我的母亲和其他家庭成员，我非常不想让我成长过程中的经济不安全感继续下去。老实说，我在这方面仍然比我的大多数朋友更没有安全感。我还会告诉大家，我只打算做这件事，直到我实现财富自由，这样我就可以按照自己的意愿创办一所学校。我有一些想法，希望有一天能成为一所学校的校长，以学生为中心，给他们更多的时间和空间去探索自己的激情。

那是在 2004 年，我的家人在我婚礼后从新奥尔良来波士顿探望我。在与姨妈的交谈中，我得知我 12 岁的表妹娜迪娅在数学学习方面遇到了困难，于是我主动提出远程辅导她。这促成了可汗学院的成立，而可汗学院的本质就是试图将我为娜迪娅提供的那种个性化学习推广到数以亿计的不同学科、不同年级和不同地域的学习者中去。

多年来，很多人问我为什么要把可汗学院办成非营利组织。毕竟，我之前的职业是营利性的，而且我住在硅谷，在那里，可扩展的技术解决方案价值不菲。很多人对非营利机构能否与营利公司竞争持怀疑态度。然而，有两个想法一直萦绕在我的脑海里。第一，我倾向于相信市场的力量，但也有少数领域（如教育和医疗保健）市场力量的结果并不总是与我们的价值观一致。在教育和医疗保健这两个领域，我们的共同价值观告诉我们，家庭资源不应该成为机会的限制因素。我们大多数人都相信，每个人的思想和生命的潜力都应该得到充分发挥。

第二种想法更加宏大，甚至是妄想。我最喜欢的一套书是艾萨克·阿西莫夫的《基地》系列。故事发生在几万年后的未来，那时人类已经殖民了整个银河系，统一在一个帝国之下。在这个帝国内部，一位名叫哈里·塞尔顿的学者开发了一个新领域，叫作心理史学，它是史学、经济学和统计学的结合体，可以从概率上预测大规模的历史趋势。这门科学告诉他，银河帝国将在未来几百年内进入一个长达一万年的黑暗时代。这将是战争、饥荒和知识丧失的一万年。他的计算表明，没有什么能阻止即将到来的黑暗时代，但可以缩短它。于是，他在银河系的外围建立了一个基地，以保存知识和技术，然后利用这些知识和技术把即将到来的黑暗缩短到"只有"一千年。这套书主要讲述了随后几百年的实际情况。

我在中学第一次阅读《基地》系列时，我发现沿着这些时间尺度思考是很有启发性的。这也是我第一次真正体会到，一个文明的力量并不在于它的大小、权力和财富，这些只是文明的副产品，真正的力量是社会的文化、知识和心态。

可汗学院刚成立的时候，我意识到，在我们的社会中，很少有人思考几年或几十年以后的事，更不用说几百年或几千年之后了。除此之外，互联网显然是我们这个时代的变革性技术，但没有一个机构是真正建立在它的基础上的。我开始思考，可汗学院能否成为首批这类机构之一，能否在未来数百年里帮助数十亿人接受教育。这就像哈里·塞尔登的基金会一样，只不过我们可以通过教育提升人类的地位，这样当我们在五十年或一百年后回首往事时，就会觉得此刻还是一个黑暗时代。我们只有一次生命，为什么不奋力一搏呢？

随着可汗学院的发展壮大，用户从数千万人发展到数亿人，这个梦想似乎越来越不那么虚幻了。很多了不起的人都来帮助我们。2009年秋天，我辞去了对冲基金的工作，全职投入可汗学院的工作。十个月后，我家的积蓄很快就花光了。我们的第一个孩子出生了，我因为经济压力而失眠，在某种程度上，我还为放弃一份体面的工作而感到羞愧，因为我觉得自己的工作似乎没有前途。在可汗学院最黑暗的时刻，安·多尔——她现在是我们的董事会主席——和约翰·多尔奇迹般地出现了，他们捐出了足够的钱，让我能够继续办下去。从那以后，成千上万的人捐款支持我们。尽管我们是一家非营利组织，但我们却建立了一支可与资源最丰富的科技公司相媲美的团队。数百名才华横溢的人才为了成为可汗学院的一员，投入了他们职业生涯的大部分时间，他们经常为此大幅减薪。世界各地成千上万的志愿者现已将可汗学院翻译成 50 多种语言。鼓舞人心的领导者，如比尔·盖茨、里德·黑斯廷斯和埃隆·马斯克已经成为我们最大的支持者和拥护者。这个过程看起来是如此巧合，以至于可汗学院内部开起了这样一个玩笑：也许是仁慈的外星人在帮助我们，以便通过教育让人类为第一次接触外星人做好准备。

当 OpenAI 公司的山姆·奥特曼和格雷格·布罗克曼在 GPT-4 正式发布前就向我们展示了它，而且这项技术似乎串联起了我人生旅途中的每一条线索时，这种说法似乎得到了加强。GPT-4 建立在许多人和公司多年来的重要创新基础之上，但它是第一项真正让我怀疑自己是否在做梦（或生活在模拟中）的人工智能技术。回到 1994 年，它超越了志向远大的人工智能研究员萨尔曼在其一生中可能想象到的任何事情。更重要的是，它是我们"为任何人、在任何地方提供真正的世界级教育"目标潜在的缺失部分。我重新认识到，现在成为一名人工智能研究员固然令人激动，但更令人激动的是思考如何应用这项技术来帮助挖掘人类潜能。

这件事不能掉以轻心，而且非常紧迫。尽管这项技术可以大大提高我们的整体生产力，但它也有可能取代或颠覆许多行业和工作。传统的劳动金字塔——底层是技能较低的体力劳动，中层是官僚和白领工作，顶层是高技能的知识型工作和创业家——已不再适用。机器人技术，包括自动驾驶汽车和卡车，将大大减少底层对劳动力的需求。生成式人工智能显然可以胜任中层白领的大量工作，甚至一些当今技术含量最高的职业。一个社会，如果所有的生产力和由此产生的财富都只归属于传统劳动金字塔的顶端（可能集中在硅谷），而其他阶层的人则大量失业，那么这个社会将不会是一个稳定的社会。这可能导致大规模的财富再分配。这种情况是反乌托邦式的，因为大多数人并不是在寻求施舍，相反，他们希望有一种目标感和对世界做出贡献的感觉。

真正的解决办法是颠倒劳动金字塔，让大多数人能够在顶层工作，并利用人工智能和其他技术提高自身的生产力和创业能力。我们唯一有希望做到这一点的方法，就是在未来几十年里，利用同样的人工智能技术，提升一大批人的技能。

也许很少有人会从经济学的角度来看待《星际迷航》中的宇宙，但这样做却为我们提供了一个窗口，让我们看到一个可能很快就会到来的世界。所有的古典经济学都建立在稀缺性概念的基础上，也就是说，通常没有足够的东西可以满足每个人的所有需求。正因为如此，我们使用市场和定价来将这些商品、服务和资源分配到可能带来最大利益的地方。然而，在《星际迷航》中，并不存在什么稀缺性。科技让这个社会可以生产任何他们想要的食物，可以瞬间将自己运送到数千英里之外，可以跨越光年进行通信，还可以在星际间旅行。那个世界里的所有人类都接受了全面的教育，这样他们就能够参与到这份恩赐中来。每个人都是探索者、研究者、工程师、艺术家、医生或顾问。生成式人工智能有可能让我们这个社会的许多方面变得同样低度稀缺或高度丰富。我们有意愿将我们自己带入《星际迷航》中的乌托邦吗？

如果我们不这样做，社会将日益沦为民粹主义的牺牲品。没有目标或意义感的人生对自己或他人都没有好处。他们很容易受到"蛊惑者"思想的影响。生成式人工智能可以利用捏造的视频和图像来强化"假新闻"，从而使我们朝着这个消极的方向发展。政府可以用它来管理自己的民众，其严密程度远远超过乔治·奥威尔在《1984》中的描述。几十年来，在城市各处安装摄像头和传感器以及窃听电话线已经成为可能，但很难监控所有信息并对其进行分析。人工智能很快就能标记任何看起来不服从政府的记录或观察。独裁者不仅能监视，还会理解。

如果没有适当的应对措施和人工智能知识，人们还将成为日益复杂的欺诈行为的受害者。在不久的将来，你可能会接到电话，甚至视频聊天，对方看起来像你的家人，告诉你他们有急事，你需要给他们汇钱。

人工智能将在国家安全中发挥越来越大的作用。外国敌人将有能力利用这项技术对基础设施发动越来越复杂的攻击——这些攻击可能涉及操纵人类。人工智能机器人排队等候取钱的图像可能会在社交媒体上疯传，并引发银行挤兑。国家和非国家行为者将在社交媒体上使用人工智能生成技术，试图影响选举结果，使社会更加分裂。未来战争中最优秀的战术家很可能是人工智能，而不是人类。

这些非常现实的问题可能促使一些人主张放缓创新。老实说，连我自己都觉得创新的速度令人眼花缭乱。但是，潘多拉魔盒已经打开了，不怀好意的从业者不会因为我们的要求而放慢脚步。如今，好的从业者占据优势，但这确实是一场竞赛。应对各种风险的对策不是放慢脚步，而是确保那些支持自由和让人类强大的人比那些站在混乱和专制一边的人拥有更好的人工智能。

对我们来说，这一刻既可能是生存的风险，也可能是生存的机遇。人们完全有权利对技术和创新的飞跃既感到恐惧又充满希望。然而，我并不认为我们的命运取决于一枚硬币的抛掷。相反，我们每个人都是决定如何使用人工智能的积极参与者。如果我们带着恐惧行事，规则的遵守者可能会暂停，但规则的破坏者，从极权政府到犯罪组织，都会加速发展人工智能。只有我们加倍努力，利用大语言模型为社会造福，才能确保我们更接近乌托邦式的《星际迷航》场景。

这不是演习：生成式人工智能将继续存在。人工智能海啸正在从远处向我们袭来。面对逃避还是乘风破浪的选择，我相信应该双脚跳进去，同时采取适当的预防措施，这样我们就不会被漂浮物击中。

我们每个人都有义务确保负责任地使用这项技术。这意味着，作为开发者，我们必须为保护我们的孩子设置必要的防护栏。当问题出现时，我们应该实施合理的规定，不能让违反规定的人有可乘之机。同时，我们必须加快努力，确保我们在开发技术的过程中拥有正确的意图和正确的教学方法。这将使我们能够加快实现人类目标，挖掘人类潜能。让我们利用人工智能为人类创造一个新的黄金时代，一个让今天看起来像黑暗时代的时代。在我看来，没有什么比这更鼓舞人心、更重要的了。

致谢

感谢 Umaima Marvi，你是我最好的生活伴侣，我在人生旅途的每一步都得到了你的支持。

Imran、Diya 和 Azad，每天都激励着我努力让自己和世界变得更好。Masooda Khan，作为单身母亲抚养我，并教会我在困难时坚持不懈。Farah Khan 是我的第一位老师和导师，Naseem Marvi 是我了不起的岳母、倾听者和朋友，感谢你们。

Polly 是我写作过程中理想的暖脚者。

Nadia、Arman、Ali、Azad 和 Nazrat Rahman，感谢你们为这一切埋下了种子。Dan Wohl 作为一位伟大的老板和导师，他允许我在为他工作的同时在可汗学院工作。

安·多尔（我们的董事会主席）和约翰·多尔从一开始就相信并支持这项工作。

Shantanu Sinha, Ben Kamens, Jason Rosoff, Bilal Musharraf 是可汗学院团队的第一批成员，他们的水平都在我之上，感谢他们帮助可汗学院成为一个真正的组织。

Bill Gates, Jorge Paulo, Susanna Lemann, Carlos Rodriguez-Pastor, Reed Hastings, Dan Benton, Scott Cook, Signe Ostby, Ratan Tata, Carlos Slim, Tony Slim, Eric Schmidt, Elon Musk, David Siegel, Laura Overdeck, John Overdeck, Laurene Powell Jobs, David Stiles Nicholson, Carlyse Ciocca, Erica and Feroz Dewan, Ray and Barbara Dalio, Bob Hughes, Jack Little, Jeanne O'Keefe, Craig Santos, Charles, Liz, Chase, and Elizabeth Koch, Brian Hooks, Janine and Jeff Yass, Ravenel Curry, Laure and Guillaume Pousaz, Ross Annable, Lonnie Smith, Mark and Debra Leslie, Chuck Kung, Lisa Guerra, Larry Cohen, Sundar Pichai, James Manyika, Satya Nadella, Shantanu Narayen, Dharmesh Shah, Jack Dorsey, Jeb Bush, Sean O'Sullivan, Ted Mitchell, Patricia Levesque, Curtis Feeny, Sanjiv Yajnik, Fareed Zakaria, Arne Duncan, Tom

Friedman、Diane Greene、Walter Isaacson、Todd Rose、David Coleman、Sameer Sampat、Dianne Seeman、Yuri Milner、Henry McCance、Geraldine Acuna-Sunshine、Craig McCaw、Susan McCaw、Tim Reynolds、Scott Heimlich、Eduardo Cetlin、Gisèle Huff、Jerry Hume、Darren Woods、Robert Bradway、Gary Wilson、Jeff and Tricia Raikes、Bobby Kotick、Mason and Logan Angel、Angela Duckworth、Ethan Mollick、Chris Anderson、Francis Ford Coppola，你们都是了不起的支持者、顾问和导师。

Greg Brockman，Sam Altman，Jessica Shieh，感谢你们在这次人工智能之旅中的合作。

整个可汗学院团队，包括以下个人，在我们的早期概念和发布中起到了重要作用：

工程团队：Paul Morgan、Shawn Jansepar、Sujata Salem、Jason Chancey、Pepper Miller、Mark Sandstrom、Sean Driedger-Bauer、John Resig、Kelli Hill、Chase Carnaroli、Jason Voll、Jack Zhang、Hunter Liu、RJ Corwin、Salman Omer、Zachary Plummer、Alice Pao、Jeanette Head、Brian Genisio、Jonathan Price、Liz Faubell、Mahtab Sabet、Robert Pippin、Sarah E.S. Proffitt、Walt Wells、Matthew Curtis、Ned Redmond、

Nicole Watts、Rachel Roberts、Sarah Third、David Braley、Kathy Phillip、Luke Smith、Andrew Pagan、Alex Morelli、Maddy Andrade-Ozaette、Amos Latteier、Elise McCrorie、Divya Chandrasekar、Emily Janzer、Ian Powell、Adam Berkan、Adam Goforth、Patrick McGill、Matt Morgan、Boris Lau、Erik Helal、Michael Mendoza、Nathan Dobrowolski、Kevin Barabash、Gerardo Gonzalez、Gina Valderrama、Danielle Whyte、Tim McCabe、Craig Silverstein、Miguel Castillo、Reid Mitchell、Cat Yannish。

产品、内容和设计团队：Kristen DiCerbo、Ricky Chandarana、Adrienne Hunter Wong、Dave Travis、Laurie LeDuc、Daniel De Angulo、Sarah Robertson、Gintas Bradunas、Tommy Day、Susan August、Elvira Valdez、Corey Kollbocker、Jess Hendel、Heather Meston、Charlie Auen、Jeff Dodds、Nick Kokkinis、Anya Bila、Jonah Goldsaito、Lan Borg、Karen Shapiro。

Stacey Olson、Vicki Zubovic、Regina Ross、Julian Roberts、Rachel Boroditsky、Julia Cowles、Sandeep Bapna、Jeremy Schifeling、Jason Hovey、Ted Chen、Craig

Silverstein、Diana Olin、Jordan Peavey、Evan Rahman、Eirene Chen、Barb Kunz、Felipe Escamilla、Jesse Ambrose，感谢你们领导了可汗学院工作的关键部分。

特别感谢 Katie、Frank Edelblut、Peggy Buffington、Jose Fuentes、Alan Usherenko、Tim Nellegar 以及纽瓦克公立学校、霍巴特市学校和我们在印第安纳州和全国各地的合作学区的杰出教育工作者和学生。

感谢 Richard Pine、Eliza Rothstein、Inkwell Management、Ibrahim Ahmad、Lee Kravetz、Carolyn Coleburn、Yuleza Negron、Bridget Gilleran、Molly Fessenden、Barb Kunz、Elizabeth Pham Janowski、Alex Cruz-Jimenez、Carrie Cook、Suzanne Roberts、Tom Greene、Tomer Altman、Joanna Samuels、Roger Studley、Eric Ber-son、Mimi Kravetz。

非常感谢 Jeremiah Hennessy 在 2009 年说服我辞去全日制工作。

我还要感谢成千上万为可汗学院捐款的人，感谢成千上万选择使用可汗学院来提升自己和他们所关心的人的学习者、家长和教师。

最后，感谢你们这些仁慈的外星人帮助我们为人类第一次接触外星人做好准备。继续前进！

注释

第一部分　人工智能导师的崛起

1　Jeremy Weissman, "ChatGPT Is a Plague upon Education," *Inside Higher Ed*, Feb. 9, 2023, www.insidehighered.com/views/2023/02/09/chatgpt-plague-upon-education-opinion.

第二部分　社会科学领域的新尝试

1　Jonathan Rothwell, "Assessing the Economic Gains of Eradicating Illiteracy Nationally and Regionally in the

United States," Gallup, Sept. 8, 2020, www.barbarabush.org/wpcontent/uploads/2020/09/BBFoundation_GainsFromEradicatingIlliteracy_9_8.pdf.

2　Noam Chomsky, Ian Roberts, and Jeffrey Watumull, "The False Promise of ChatGPT," *New York Times*, March 8, 2023, www.nytimes.com/2023/03/08/opinion/noam-chomsky-chatgpt- ai.html.

3　Gillian Brockell, "We 'Interviewed' Harriet Tubman Using AI. It Got a Little Weird," *Washington Post*, July 14, 2023, www.washingtonpost.com/history/interactive/2023/harriet-tubman-articial-intelligence-khan-academy/.

第三部分　赋能下一代创新者

1　U.S. Department of Education Office for Civil Rights, 2015–16 Civil Rights Data Collection, "Stem Course Taking," April 2018, www2.ed.gov/about/offices/list/ocr/docs/stem-course-taking.pdf.

第四部分　共创美好的学习体验

1　Alaa Ali Abd-Alrazaq et al., "Effectiveness and Safety of Using Chatbots to Improve Mental Health: Systematic

Review and Metaanalysis," *Journal of Medical Internet Research* 22, no. 7 (July 2020), doi:10.2196/16021.

第五部分　保证孩子的信息安全

1　Philip N. Howard et al., "Digital Misinformation/Disinformation and Children," UNICEF Office of Global Insight and Policy, Aug. 2021, www.unicef.org/globalinsight/media/2096/file/UNICEF-Global-Insight-Digital-Mis-Disinformation-and-Children-2021.pdf.

2　Jon D. Elhai et al., "Problematic Smartphone Use: A Conceptual Overview and Systemic Review of Relations with Anxiety and Depression Psychopathology," *Journal of Affective Disorders* 207 (2017), www.sciencedirect.com/science/article/abs/pii/S0165032716303196?via%3Dihub.

3　Steven Pinker, "The Media Exaggerates Negative News. This Distortion Has Consequences," *Guardian*, Feb. 17, 2018, www.theguardian.com/commentisfree/2018/feb/17/steven-pinker-media-negative-news.

4　Tom Huddleston Jr., "Ivy League Child Psychologist: Let Your Kid Use ChatGPT—But Only If You Do These 3 Things First," CNBC, July 20, 2023, https:// www.cnbc.

com/2023/07/29/ivy-league-child-psychologist-how-parents-can-help-kids-use- ai- safely.html.

第六部分　人工智能时代的教学

1　Ileana Najarro, "Here's How Many Hours a Week Teachers Work," EducationWeek, April 14, 2022, https://www.edweek.org/teaching-learning/heres-how-many-hours-a-week-teachers-work/2022/04.

2　Melissa Ezarik, "Shades of Gray on Student Cheating," *Inside Higher Ed*, December 6,2021,https://www.insidehighered.com/news/2021/12/07/what-students-see-cheating-and-how-allegations-are-handled.

3　Johanna Alonso, "In Proctoring Debate, Stanford Faculty Takes 'Nuclear Option,'" *Inside Higher Ed*, May 5, 2023, https://www.insidehighered.com/news/students/academics/2023/05/05/proctoring-debate-stanford-faculty-takes-nuclear-option.

4　Ryan McElroy and Evan Weiss, "Zeitgeist 5.0," *The Middlebury Campus*, May 2023, https://www.middleburycampus.com/article/2023/05/zeitgeist-5-0.

5　Chelcey Adami, "Faculty Senate Approves Changes

to Honor Code, Judicial Charter," *StanfordReport*, April 27, 2023, https://news.stanford.edu/report/2023/04/27/faculty-senate-approves-changes-honor-code-judicial-charter/.

6　Farah Stockman and Carlos Mureithi, "Cheating, Inc.: How Writing Papers for American College Students Has Become a Lucrative Profession Overseas," *New York Times*, September 7, 2019, https://www.nytimes.com/2019/09/07/us/college-cheating-papers.html.

第七部分　全球课堂

1　Nazmul Chaudhury et al., "Teacher Absence in India: A Snapshot," UNESCO's International Institute for Educational Planning, 2004, https://etico.iiep.unesco.org/en/teacher-absence-india-snapshot#:~:text=25%25%20of%20teachers%20were%20absent,concentrated%20in%20the%20poorer%20states.

第八部分　评价与录取体系

1　"Elevating Math Scores: The Ongoing Success of MAP Accelerator," Khan Academy, 2022, https://blog.khanacademy.org/wp-content/uploads/2023/09/MAP_

Accelerator_21_22_Brief-1.pdf.

2　Anemona Hartocollis, "Harvard Rated Asian-American Applicants Lower on Personality Traits, Suit Says," *New York Times*, June 15, 2018, https://www.nytimes.com/2018/06/15/us/harvard-asian-enrollment-applicants.html.

第九部分　面向未来的工作与竞争

1　Michael Chui, "Forward Thinking on the Brave New World of Generative AI with Ethan Mollick," McKinsey Global Institute, May 31, 2023, www.mckinsey.com/mgi/forward-thinking/forward-thinking-on-the-brave-new-world-of-generative-ai-with-ethan-mollick.

《重路排故》

朱星　郑昌朱

陈向东　圣留溯

米乃　王鵬　直啬

教人学会
"何以为人"的教育

韦青

微软（中国）首席技术官、工程师

教育是人类社会的一个重要话题，虽然对于教育的目的有不同的解读，但教育终归与人类的幸福生活和智慧增长相关。但是实现幸福生活与智慧人生实属不易，对绝大多数人而言，都是一个需要终身追求的目标与挑战。

教育，本就是为了实现这个目标而构建的。在人类的发展历程中，有诸多先哲为此奉献了毕生的精力，当下也有众多实践者在为此做着不懈的努力，但全球各地民众对现代化教育体系的认识总是参差不齐。随着机器智能的日益升级，机器甚至慢慢显示出超越人类能力的迹象，如何让下一代能够在机器智能普及的社会中获得美好生活体验并持续增长智慧，变成了一个亟待回答的问题，也成为正在接受教育的莘莘学子与众多亟待重受教育的成年人（其中包括学子们的家长）愈加焦虑与迷茫的根源。

本书作者萨尔曼·可汗已经不是头一次经历这个过程。熟悉他成长经历的读者知道当初他是如何利用技术的力量为他的表妹远程解答数学难题，进而创办可汗学院的。上一次的契机是数字化技术的成熟与网络技术的普及；这一次，他又将因为机器智能的进步与普及而开启人类教育的下一个篇章。

这本书秉持了萨尔曼一贯的写作风格与严谨的叙事逻辑，读者仅凭本书的目录就可以大致理解书中将要表达的主题。因此，我想仅就目前社会上因 AI 而产生的迷茫、焦虑甚至恐慌心态提出一些可供思考的额外视角，算是对本书英文副书名 "AI 将如何革新教育以及为什么这是一件好事" 做一个呼应。

不要用旧逻辑解决新问题

人类世界的时间轴是单向的，因此也被称为 "时间之箭"。同时，由于海森伯的不确定性原理和哥德尔不完全性定理的存在，让我们理解到人类所能够感知的这个世界不是一个完全确定的世界，当下之后每一个时刻出现的现象都遵循一定的概率分布。这两个因素叠加在一起，使得人类尽管可以从历史中吸取很多经验和教训，但也逃避不开时刻看着后视镜向前开车的命运。

当人类社会的发展处在一个相对平缓的阶段，总结并严格遵循古制会提高我们生存的概率。但在一个革命的时代，比如科学革命、工业革命、宗教革命、军事革命、教育革命、文化革命的时代，或者文明范式变革的阶段，比如从农业文明进入工业文明，或从工业文明进入信息文明的阶段，我们所需要的就是随时感知外界环境的变化并且适应环境的变化。随着当下机器智能水平的飞速提升，人类社会有极大概率进入一个需要随时应变的时代。但是人类由于已经习惯了用过去的思想和经验解决问题，而且在变革期之前，越是这样做越容易成功，因而人们越无法适应新的发展格局和新格局对人类应变能力的要求。

中华文明历来有"苟日新，日日新，又日新"的精神底蕴，尊重传统的最大发心就是立志改革创新，我们这一代和受我们影响的下一代不应抱残守缺，或自以为是，或一味泥古，或一味颂今，而应胸怀高远、审时度势、努力进取，具备远超前辈的能力、眼界与胸怀，将伟大的文明发扬光大。在这个思维逻辑下，当前教育的变化，既是挑战，也是机遇。一旦从"必须怎样"和"应该怎样"，变为"我想怎样"和"可以怎样"，就会发现现在的技术进步同属于"一阴一阳谓之道"的范畴，我们要做的是利用它们的好处，同时减轻它们可能带来的坏处，既要秉持求实的精神和科学的方法，又要避免陷入唯技术论的盲区，以人为本，稳步前行。

把北京香山顶峰称作"鬼见愁"的人
应该没有见识过珠穆朗玛峰

北京香山的顶峰被称为香炉峰，海拔 575 米，香炉峰又被称为"鬼见愁"。能够被称为"鬼见愁"，说明当时登山的难度很大。回到当下，请问对这个山峰的命名，会让一个曾经见识过珠穆朗玛峰的人情何以堪？

当然，我们相信当时的人有绝对合适的理由将北京香山的顶峰称为鬼见愁，这是当时的生产力条件和人类能力局限造成的。人类社会发展至今，大家应该不会再把登上香山山顶当作一件大事，人类的眼光早因为生产力的提高以及机器能力的加持转向地球上的至高点和至低点，同时人类的探索方向也早就转向了遥远的太空和更为深奥的宇宙原理。

人类终其一生所能获得的知识总量与取得的成就，会受到人类固有寿命、总体摄入的能量数量和体力与精力的限制；传统的教育方式，无论是知识承载媒介、知识传播渠道、知识传播带宽，还是知识传播的提供方，也就是人类老师，都有传播效率的局限。再加上由于工业文明的需要，现代教育倾向于将人类的下一代培养成工具人，重点强调知识的记忆与重复执行的能力，对人类的创造力与思考力特点则重视不足。而人类的创造力与思考力恰好是机器学习不擅长的方面。

机器学习人类知识的力量来自绵延的算力和记忆能力，它可以学习和记忆人类历史上能够以符号记载下来的所有知识，但是没有证据证明机器可以获得人类所有知识叠加之后形成的知识边界之外的知识。由于人类个体习惯于将自身与一个学习了人类全部知识的机器相比，所以很容易产生机器比人强的感觉，却忽略了很重要的一点：机器所体现的知识量是人类所有知识在压缩和重新排列组合之后形成的新计算结果，其范畴并没有超越全人类知识的边界。

在这种机器学习和记忆能力的帮助下，新一代的人类个体可以随时站在全人类知识的峰巅，不必再通过十几年甚至几十年的苦读，才勉强站到人类全部知识的山脚、山腰或某一座小山峰。这将使具备这种机器能力的人掌握前人从未有过的知识丰度与浓度，极大强化这一代人突破固有知识边界的能力。这也将是人工智能超越文字、图片和视频生成的狭小范畴而对人类知识大发现时代所能够做出的贡献。

当担心现在流行的职业即将消失时，
先问一下人类到底想干啥

由于机器的特点，其在数字计算精度、计算速度和记忆能力方面远超人类，在动作的精度与重复性方面也远超人类。人类最擅长的是制定规则与优化（破坏）规则，机器最擅长的是遵守与执行规则。但是当今的教育体系更多是为了工业文明而建立。教育的确为人类的工业文明培养了大量优秀人才，创造了大量社会财富，也因此推动人类社会发展到了信息文明时代，或者叫后工业时代、后人类时代或赛博时代。

当前的矛盾在于，在信息文明时代，大量工业文明时代的产物，如各种职业的划分与内容，都已经或即将被机器颠覆。机器能够代替绝大多数工业文明时代的职业内容，而信息文明下最需要的创造、创新与突破现有知识边界的能力，也就是那些特别充满鲜活的"人"的味道的能力，恰恰与工业文明大量培养工具人的需求相冲突。

当我们在担心和疑惑未来什么样的职业有发展前景的时候，我们如果换一种思维方式，先问一下我们自己，作为人类一员我们最想干什么和最不想干什么，或许就能以一个人类的身份得出我们自己的答案。信息文明社会强调的是多样性与联结度，产生的是涌现性与复杂性。在这样的时代，没有统一的答案，整个地球文明就像一个有机体一样，由每一个个体答案的总和，以及相应的行动后果产生的"类化学"反应，夹杂在一起形成一个时代的答案。

读者朋友可能会发现，如这本书中随处透露的，这是一个范式变革的时代，由于机器能力的进步，每一个人的潜力都有机会得到极大发挥。真正约束到我们的是我们的思想。作为一个大写的人，我们需要做的就是静下心来，秉着终身学习的理念，独立思考，与时俱进，在一个"日日新"的当下，做一名散发着"人"的味道的新新人类。

让孩子具备与人工智能共舞的能力

郝景芳

科幻作家，童行书院创始人

从去年（2023）ChatGPT 横空出世以来，有无数人站出来聊 AI 的划时代影响，或者谈人类被 AI 取代，或者谈 AI 对教育的颠覆性影响。但实际上，AI 真正应该引起我们思考的点，几乎没有人注意到。比如 AI 对家庭教育的作用。

人工智能时代的家庭教育

我先给大家介绍一个概念：微调。大家可能都听说过大模型，像 ChatGPT 就是大模型，其他著名的大模型还包括国内的文心一言、智谱、Kimi、混元等，国外的 Gemini、Claude、Sora 等。每一个大模型都可以理解为一个超级 AI。

超级 AI 大模型可以回答很多问题，但少了精确性和个性化，于是在跟各行各业结合的时候，都需要进行行业精细学习，我们一般称之为微调。举个例子，超级 AI 可以回答一般的法律问题，但一家律师事务所如果想用它给客户咨询，还需要用自己律所的大量案例细节对它进行精细化训练。

这对我们有什么启示呢？其实，父母在家庭教育中的作用就是对孩子进行微调。前两天跟一个朋友聊天，她说她三岁半的小女儿经常说出一些让她意想不到的很成熟的话，对一些问题讲得头头是道，说得有理有据。朋友觉得自己从来没有教过孩子这些话，不知道孩子是从哪儿学的。

我：很多人有个误区，认为孩子说出来的话，要么是爸爸妈妈教的，要么是别人教的。如果孩子说出一些家人没教过的话，家长就很惊讶：你是跟谁学的？其实，孩子说的话不需要有人教，很多话就是孩子自己说出来的。

朋友：这么小也会自己想出这么成熟的话吗？

我：不要小看孩子，每个孩子都是生下来就自带大模型的，他们天然有超强的数据处理能力。孩子的大脑比现在的 ChatGPT 大模型还厉害，有了生活数据，他们能自己加工出结果。我们家长需要做的就是给孩子的大脑大模型做微调。

朋友：从来没这么想过……你这么一说，我的焦虑少了很多……

人类大脑大模型，至少在现阶段，比最厉害的超级 AI 大模型还厉害。目前出现的 AI 大模型，还到不了通用大模型的地步，目前只是语言处理做到了优异的程度，但是在机器视觉、多功能模块协同、抽象概念理解和推理、自主动机和反馈调节等方面，与人类的距离还很远。AI 还是无法分辨什么是真实世界的常识，常有知识幻觉。前一段时间还有 AI 大咖讲过，训练机器视觉模型需要的数据量，是训练语言模型的很多倍，要困难得多。

而对人类婴儿来讲，这些能力都是先天具备的。3 个月大的婴儿已经有基本的物理逻辑推理能力。婴儿的意图识别能力是细胞层面的，只要眼睛觉察到另外一张面孔眼角肌肉的轻微动作，就能感知对方的意图，以至于不会说话的 1 岁孩子就具备了充分的"见人下菜碟"的能力。婴儿也具备理解抽象概念的能力，这是学习语言的基础。

那么儿童大脑大模型的程序工程师是谁呢？是大自然。人类大脑经过了千百万年大自然数据的训练，数据量比现在最厉害的超级 AI 大得多。虽然演化缓慢，但是演化机制带来的算法优化，一点都不弱于当今最顶尖的科学家编制的算法。

婴儿在出生的时候，其大脑中的基本处理算法都是具备的。一个数据进来，神经元细胞对数据的处理和计算原则是"出厂即带"的。语言算法天然配置在大脑里，只要后天的数据输入，就能自行学会母语。后天教育，其实是学习"本地数据"，例如民族语言、家庭信息、父母风格、环境规则、时代知识等等。换言之，家庭教育是让孩子的大模型"本地化"。

因此，对 AI 的理解，可以在很大程度上减轻家长的心理压力。当你用 ChatGPT 大模型训练一个自己的 AI 助手时，是 OpenAI 的工程师贡献大，还是你的贡献大？你肯定知道，OpenAI 的工程师做了 90%，你的微调最多只占 10%。

我们的教育也是。孩子 90% 的能力是出厂大模型自带的。我们固然需要教育，需要让孩子学习后天的数据，但我们不需要贪功，也不能贪功。我们能做的就是顺势而为，让孩子的先天大模型发挥最大的作用。

也许有人会问：不是说基因和后天教育的作用，差不多是一半一半吗？怎么被你说得好像基因的作用占比 90%，后天教育的作用只占 10% 似的？在解释人和人的差异性来源时，先天和后天因素分别能起一半作用，例如你的个人 AI 助理和我的个人 AI 助理，其中的差异一半是由于我们选择的大模型不同，一半是因为我们的个人数据不同。但这不能抹杀大模型本身 90% 的基础作用。我们在大自然面前，还是谦卑一些为好。

既然大脑大模型如此强大，家庭教育是不是基本没有用？这个问题涉及学习的本质。孩子是如何学习的呢？最重要的方式不是"记忆—输出"，而是"观察—尝试—反馈—修正"。孩子的大脑算法，有很多是"出厂设置"，抽到什么水平的大模型，就像开盲盒。但是家庭环境还是很重要的，因为家庭提供了孩子大模型调试的反馈。

孩子通过在家庭中的观察、尝试、反馈，迭代自己的先天模型。孩子并不是直接理解父母说的话、讲的道理，而是通过生活观察，反馈总结。如果父母说"你应该学会控制情绪，你不应该这么乱发脾气"，然而父母在面对孩子时常常情绪失控，靠发火威吓来达到目的，那么孩子观察到的数据点是：发脾气＝有效控制。他学到的道理是：第一，要努力避免父母发火；第二，强权和发脾气能制服他人。孩子对遇到的所有人和事都会形成他的数据点。孩子的大脑大模型提供了处理数据的方法，但是数据本身会决定孩子最终学到的东西。通俗地说，家庭教育的作用，就是让孩子通过真实数据确认自己大脑模型的计算是否准确。

父母不是孩子的工程师，父母是孩子的数据点。我们做好自己，孩子自然会计算出要怎么生活。

孩子应该学什么，怎么学？

孩子应该学什么？很多人最初的答案是情感和艺术，后来觉得还是要好好学编程。最后有些人悲观地认为，AI 取代普通白领工作几乎是不可避免的，只有蓝领还有需求。我在七年前写过这个话题，收录在《人之彼岸》一书中。我当初列了一些AI 时代必备的能力，至今看来依然有效。不过，最近我倒是对这个问题有了一些新的想法。

我的转变主要来源于对孩子的观察。我女儿在五六岁的时候，曾经跟自己的手表聊一个多小时，最后觉得无聊了，说"AI 太傻了"。我儿子在 4 岁的时候就喜欢跟家里的 AI 健身镜聊天，一会儿说"给我打开某某游戏"，一会儿又说"给我唱首歌"。如果放在我们的童年，能和镜子说话是属于白雪公主的魔法，但在现在的孩子看来，这就是最普通的应用。

英国科幻作家道格拉斯·亚当斯说过："任何在我出生时已经有的科技，都是稀松平常的，是世界本来秩序的一部分。"我们之所以对 AI 技术反应强烈，要么是因为我们正处于个人事业的高峰期，想要抓住这波变革大赚一把，因此大肆吹嘘其伟大之处；要么是因为我们已经老了，对跟上奇幻变革的技术没有信心，就一直在说这波技术会让人类毁灭。但对于孩子来说不是这样的。让我们惊呼的 AGI（通用人工智能）技术，他们只觉得天然如此。

孩子们生下来就生存在他们所处时代的技术之上。他们打开电子产品就会使用，而不会惊叹智能手机颠覆世界。他们接触 AI 大模型，也不会说什么"机器人要取代人类了"，而只会跟 AI 聊一会儿，然后就一如往常地做自己的事情了。对孩子们而言，AI 就是这么平凡。

AI 来了，孩子们要怎么武装自己来面对时代发展呢？对父母而言，答案很简单：让孩子具备和 AI 共舞的能力，然后就让孩子们走自己的路吧。我们并不知道 AI 技术在 20 年后会发展成什么样，是因为我们已经是上一代人。20 年后 AI 科技的发展趋势不是由我们说了算，而是由现在的孩子们说了算。等他们长大进了科技公司，或者创办了新的科技公司，他们想把技术发展成什么样，技术就会发展成什么样。或者说，不是父母的预测决定了孩子的未来，而是孩子们未来的行为决定了父母的晚年。

我曾经也是一个对所有新科技激动不已、对预测未来激动不已的人，但自从我旁观了女儿无聊地和手表聊天、儿子习以为常地和镜子聊天，而他们却对 AI 毫不惊讶，我就意识到：未来不属于大惊小怪的我们，而属于长大后能娴熟运用这些技术，甚至觉得它们稀松平常的孩子们。他们能站在技术的潮头，创造更新的事物。

每一代人都站在技术的前沿。就像 1990 年代第一次拿到电脑、连上网络的我们。我们不需要父母的指点，甚至会主动屏蔽父母的指点。AI 来了，要怎么做教育？太简单了，让孩子用就好了。

那么我们成年人可以做些什么呢？

第一要谦卑。我们不要自以为是地认为我们的教育决定了孩子的命运。实际上，孩子头脑中自带的大模型，以及他们在属于他们的时代熟练掌握新鲜事物的能力，二者加起来才是他们未来的走向。

第二要搭桥铺路。哪怕是在 1990 年代或 2000 年代，也只有少数人有机会使用电脑并联网。其实不完全是家庭条件限制，当时一台电脑和一根网线也没有多贵。而只是那个时候，全国很多家庭还没有听说过这些新鲜事物。今天，虽然我们没有能力左右未来的发展，但我们可以让孩子有机会接触前沿科技。没有多难，也没有多贵。

第三要给孩子积极支持。孩子在技术前沿时代的成长，主要是他们自己观察生活、探索反馈得到的结果。但我们做父母的也不是毫无作为，我们可以给他们提供反馈，鼓励他们，增强他们掌握新技术、借助新技术做出杰出成就的信心。

有人预测，借助目前的 AI 技术，未来可能会出现"一个 CEO+100 个 AI 员工"的公司，也就是每个人都可以借助 AI 补足自己的短板，做自己想做的事业。这种情况下，孩子们能把握的机会远比我们想象的多，问题只在于他们有没有勇气去探索和尝试。未来的工具无限丰富，有勇气闯荡的人可以得到所有技术的支持。

而他们的勇气，取决于我们。这才是家庭教育在 AI 时代的要义。

双脚跳进人工智能教育的风浪中

陈向东

高途教育科技集团创始人、董事长兼 CEO

2023 年是我非常焦虑的一年，主要有两个原因。一个原因是我开始做高途佳品，很多地方自己不懂，甚至可以说是一头雾水；另一个原因是 ChatGPT 的出现，它是否会对当下的教育模式产生颠覆，是否会对高途集团的商业模式产生影响，我都一无所知。

我们说企业家最重要的能力应该是超强的市场洞察能力，能够先于变化而采取行动，能够在缺乏共识时找到撬动未来的杠杆。作为高途集团的创始人，我最担心的是我们如果没有对人工智能革命的洞见，将会错过这一波人工智能革命带来的机遇。我在 2023 年投入了非常多的时间，见了几十位 AI 领域的创业者和几十位不同领域的投资人，调研了几十家 AI 领域的公司的实践，我们在公司内部组建了六个团队去突围，成立了专注 AI 未来的跨部门团队。我们组织团队就可汗学院相关的 AI 实践进行专题研讨，试图去了解和学习人工智能到底是什么，尝试去弄懂人工智能对于教育的影响并达成共识。

说到这里，朋友们可能会理解，当拿到可汗学院的创办人萨尔曼·可汗写的《教育新语》时我有多么激动了。我真的是兴奋不已，舍不得放下这本书，可以说我是一口气读完的。书中描述的很多画面、很多场景、很多互动，真的是触动了我。萨尔曼·可汗说，他意外获得使用 OpenAI 最新模型的权限，在接下来的一整个下午，他都坐在电脑前，甚至一整个周末，他都为之深深吸引，在电脑前整整坐了 10 个小时后，他试着关机并休息，但他的思维一直被这一技术占据。实际上，这种心流状态，在 2023 年我也有过几次类似的美妙体验。

如果你和我一样对人工智能的未来有焦虑，如果你和我一样希望对人工智能的未来有洞见，毫无疑问，萨尔曼·可汗的这本书的确给了我们不少真知灼见。

- 人工智能不会让老师失业，最好的情况是它能够提升老师的教学能力。
- 人工智能之于学生的价值，是充当苏格拉底式的导师、辩论伙伴、指导顾问、生涯规划师等，并且是他们取得更好学业成绩的驱动力。

- 优秀的导师会真正关心学生，与学生同频，能够提出明确的学习目标，对学生成绩进行评估并给予精准反馈，直到学生最终掌握学习方法和学习内容。最好的导师能够通过与学生直接交流，实现个性化教育，真正做到以学生为本。实现这一目标的最佳方法，是构建一个能够为所有学习者提供个性化辅导的人工智能系统。

- 生成式人工智能工具能够让学习变得高效。在过去，写作文被认为是帮助学生掌握批判性思维、提高分析和写作技能的关键，而人工智能为学生提供了同等甚至更好的机会，让他们能够参与话题讨论，收集和分析信息，表达自己的观点和论据。基于教育的人工智能平台可以成为学习者最好的助手和合作者。

- 最好的创意不是人工智能为我们创造的，而是人工智能与我们共同创造、相互启发的。莫扎特、爱因斯坦和达·芬奇并不只是天赋异禀，他们拥有大多数人所没有的机会和资源。技术已经普遍降低了获得世界前沿工具及学习资料的成本，人工智能将成为下一波技术浪潮，为艺术和科学领域的未来创造者赋能，通过与学生一起讨论，点燃他们的好奇心，激发他们的想象力，邀请他们探索知识的奥秘。

- 人工智能打破了学科界限，让人们认识到世界是个综合体，学习是非线性的。人们一旦理解了万物协同工作的方式，数学可以与艺术相结合，写作可以与科学相结合，历史可以与经济相结合，等等，我们的孩子就可以打破创造力的桎梏，更好地在课堂内外与世界互动。

同样令我们憧憬的是，萨尔曼·可汗在这本书中详细论述了与教育密切相关的一些话题。比如，如何更好地利用人工智能促进教育公平，如何更好地利用人工智能保证教育安全，如何更好地利用人工智能助力教学，如何更好地利用人工智能优化评价和录取体系，如何更好地利用人工智能教育孩子，以及如何审视人工智能时代的就业和职业……

变化已来！面对变化，我们应当审慎应对，而非惧怕改变。成功的策略不是抵制，而是适应。正如萨尔曼·可汗所说，每个人都是决定如何使用人工智能的积极参与者。面对大海的风浪，我相信最好的选择是首先做好预防准备，然后双脚跳进去，这样我们就不会被漂浮物击中。

让学生获得个性化、
高水准的教育

孟思渊博士（Emily McCarren PhD）
北京市鼎石学校执行校长

我们正面临着教育史上前所未有的时刻。过去几年，基于大语言模型的生成式人工智能以前所未有的发展态势在全球范围内普及，很可能标志着有史以来最重大的技术飞跃。在《教育新语》一书中，教育改革与创新领域的杰出思想家萨尔曼·可汗以通俗易懂的语言，邀请读者步入一个由他讲述的故事之中。

要理解这本书的重要性，我们必须深入探寻这一创新背后的来龙去脉。ChatGPT 诞生之际，世界各地的学校仍深受新冠疫情余波的影响，教育领域饱受师资力量不足、学生学业中断以及教育体系普遍动荡的困扰。正当人们逐步找回往昔"常态"

的感觉时，这一全新的人工智能技术横空出世，再度给教育工作者和领导者们带来强烈的震撼。

教育界眼下已是疲惫不堪，面对新兴技术的涌现，全球各地的学校纷纷出台人工智能政策，这一过程中夹杂着期盼与恐慌，很多人觉得我们必须保护我们的孩子，保护我们助力他们成长的方式。然而，这种感受恰恰凸显了本书英文版副书名"How AI Will Revolutionize Education and Why That's a Good Thing"（人工智能将如何彻底改变教育以及为什么这是一件好事）的必要性。请谨记，即便在书的封面上，可汗也不忘提醒我们：正在发生的一切都在朝着积极的方向发展。的确，形势错综复杂，但前景乐观。

诚然，对于任何新技术，我们都理应保持严谨与审慎的态度。特别是在过去几十年里，教育技术领域侧重于向学校推销产品，而非致力于最大程度地提高学生的学习效果。随着ChatGPT 的出现，在教师与学校管理者们努力适应这一新的范式变革之际，世界各地涌现了种种出于恐慌而设立的人工智能相关政策：为了将自己所感知到的风险拒之门外，我们于是打造出一系列"人工智能已至"的应对措施，旨在限制学生接触并使用这些工具，甚至将其与学习环境隔离。整个教育界掀起了一波热潮：教师们试图"抓住"学生的"作弊行为"，或阻止他们在已经显得过时的作业中运用人工智能工具。教师们对试卷的审查变得异常严格。"在我的课堂上，不可以用人工智能。"他们带着一种防卫的姿态如是说。

在这一片动荡的浪潮中，萨尔曼·可汗却显现出不同寻常的振奋之情，他蓄势待发，预备迎接面前的挑战。作为可汗学院的创办者，可汗与 OpenAI 公司的领导者们展开了深入对话，共同致力于将这一颠覆性技术引入教育领域。可汗带领团队争分夺秒，力求证明人工智能如何能够真正颠覆传统的教育模式，一举攻克诸如"两个标准差问题"（two-sigma problem）等长期困扰传统课堂教学的顽疾。研究和常识早已告诉我们，一对一的学习模式，即一位精通教学的导师与一位全心投入的学生之间的互动，构成了最高效的学习场景。那些获得了个性化指导与支持的学生，其学业成就显著优于未能得到如此个性化关注的同侪。

在生成式人工智能浪潮涌动之前，萨尔曼·可汗本人以及可汗学院的团队早已致力于为全世界数以百万计的学子开辟一条通往个性化、高水准教育的道路。随着生成式人工智能技术崭露头角，可汗敏锐地洞察到这些新兴工具所蕴含的巨大潜力，足以深刻地推动他们的教育使命。他在这历史性的十字路口所书写的故事，不仅有效缓和了对于人工智能影响的普遍忧虑，更激发了一种振奋人心的认识：未来的学习方式正站在一场巨大变革的浪尖之上。

正如许多其他优质在线教育项目一样，可汗学院团队也在过去的数年取得了令人瞩目的成就。正当面对面教育遭遇颠覆之际，致力于在线教育的他们却抓住了机遇，挺身而出，为全球范围内因学校暂时转型至线上教学而急需资源的学生提供了强有力的支持。可汗本人及可汗学院的团队正满怀信心地面对一个引人深思的问题：诸如 ChatGPT 这样的技术革新对教育的未来意味着什么？在《教育新语》中，萨尔曼·可汗为我们描绘了这样一幅图景：如果学校社区能生机勃勃、健康发展，能够促进协作式学习、体育活动及多样的表达方式，那么，今时今日的学校能够实现哪些新的可能，这无疑充满了无限的想象。

通过这本著作，我们有幸从一位杰出教育创新者的视角去预见未来，其阐述之清晰明了，令人赞叹。书中的每一章节都犹如一份指南，引领我们探讨与思索，去发掘最适合学习者的路径。萨尔曼·可汗以其深厚的专业学识、满腔热忱及对学生的关怀，带领我们深入理解生成式人工智能带来的复杂境地、重重挑战与种种机遇。在这段旅程中，他提醒我们：当下教育领域诸多核心难题实则渊源已久，并非新近出现，而我们可能终将觅得其解决之道。

我们的教育模式及其有限的经济资源，究竟如何能为全世界的孩子提供他们的所需呢？孩子们需要的是深思熟虑的、个性化的、以精通为导向的学习，以此帮助他们实现个人和职业目标。优质教与学的核心本质是什么？技术将在哪些维度上增强教师的能力，使他们更加高效地关怀学生、促进学生学习？创造力究竟是什么，我们人类应当如何评估并珍视这一能力？以上种种问题，以及更多思考，都将在这本书中逐一展开。

每一位教育从业者都需要面对生成式人工智能带来的种种影响，因为这关乎孩子的未来，甚至是学习本身的未来发展。《教育新语》正是引领我们迈入这场关键对话的导航图，为我们描绘了如何利用这些革命性技术，为所有人构建更为公正、个性化且富有意义的学习体验。这本书将成为推动教育人性化发展对话的催化剂，它将引领我们携手并进，进一步提升和保护师生之间深厚关系中所蕴含的巨大变革力量。这份在我们这颗脆弱星球上绽放的神奇力量，正是解锁我们共同未来的关键。

拥抱 AI：教育梦想的破晓时刻

朱力

杭州云谷学校资深教师、AI 教育技术应用专家

ChatGPT 这一类技术已经对教育带来挑战，但是 ChatGPT 这一类技术只是 AI 时代的开始。我们要用人工智能去解决问题，而不是被人工智能所控制。虽然人的体力、脑力比不过机器，但机器只有"芯"，而人有"心"。工业时代是知识驱动，是知识的竞争；数字时代是智慧驱动，是创造力和想象力的竞争，是领导力、担当力、责任的竞争，是独立思考的竞争。

——马云，2023 年 3 月于杭州云谷学校

作为一名一线教师和技术爱好者，知道萨曼尔·可汗的故事，始于 2013 年前后国内教育界掀起的微课热潮。从那时起，可汗学院和它所代表的"微课＋知识图谱＋自适应学习系统"在线教育模式，以及技术支持下的"超大规模个性化教育"未来愿景，一直激发着一大批国内教育和技术同行的无限遐想与实践热情。

今天，当我有机会读到萨尔曼·可汗的新书《教育新语》的书稿时，我再次被他的超前行动力和教育洞见所折服。书中结合可汗学院基于 GPT-4 搭建的人工智能学习助手 Khanmigo 的应用案例，生动展示了教育者为什么以及如何放下顾虑，携手 AI 满足多元且日益增长的个性化学习需求，借助 AI 智能化推动教育的针对性、开放性和公平性，勾勒出一条通向理想教育的探索轨迹。

提及 AI，初次见到 AI 强大能力的教育从业者的第一反应基本有两种。

第一是担忧和排斥。因为担心 AI 的介入让学生太容易得到问题的答案，丧失深度思考的能力，很多学校严禁 AI 进入其校园和课堂。对此，可汗做出了很好的回答，他启发我们重新审视每一次学习和每一份作业在 AI 时代的意义，并用真实案例告诉我们一个相反的事实：基于正确的教育理念训练出的人工智能助手（如 Khanmigo）可以成为学生深度思考的催化剂。

这一点，在马云和阿里合伙人投资创办的云谷学校，有很多实践案例可以证明：在项目式学习中，我们鼓励学生利用 AI 自主学习未知领域，尝试 AI 编程，不仅降低了学生解决复杂问题时的工具成本，更为重要的是，它释放了学生的创造力，使他们全情投入更重要的项目整体设计和团队合作中去，进而打造出更贴近用户需求的优秀项目产品。再比如语文课上，孩子们为了能够共创出一段 AI 绘画提示词给古诗配画，使它更符合诗人所描绘的意境，必须反复咀嚼古诗词背后深邃的意缊，补充字面没有呈现的场景元素，这无形中增加了学生们驾驭语言的细腻度与深度，让他们在追求艺术与技术融合的同时，加深了对中华传统文化精髓的理解与感悟……总之，我们设计怎样的任务，决定了学生如何使用 AI。如果你相信与 AI 协作是未来工作的常态，那么让我们为核心目标设计更能促进学生高阶素养，而不是用最简单的提示词就能完成的任务吧！

在书中，我还看到特别有启发性的一点：Khanmigo 在扮演苏格拉底式导师的同时，会记录下学生与它谈话的全过程，教师、家长在合适的权限内可以通过与 Khanmigo 对话，根据记录复盘学生的学习情况，基于此他们可以展开更深入的教育教学或辅导。试想一下，如果人人都能够时时刻刻地向一位非常了解他的 AI 助手咨询学习问题，AI 不会直接给出答案，而是像一位名师那样，一步步抓住核心引导他深度思考，并忠实记录下过程，之后向家长或老师汇报，反馈孩子在最终的作品中所占的贡献比例，并提出孩子在学习和心理上需要帮助的点，你不觉得这恰恰是我们一直求而不得的不愤不启、因材施教的个性化教育的理想吗？

第二是焦虑和茫然。很多人害怕有一天 AI 会抢走自己的饭碗，担忧人类教师的缺席可能会降低学习体验和个体成长中的人性温度。而可汗用他们的实践做出了反驳：AI 可以辅助实现"人工共情"，更将以人工智能助教而非替代者的方式，让教师工作更轻松、更聚焦且富含价值。他强调"我们不能假装世界没有因为 ChatGPT 而改变。现在木已成舟。它已经存在，无论我们喜欢与否，作为教师，我们都必须做出调整"。

在本书中，我们看到 AI 重塑教育场景的潜力，它可以重现书中的角色，加深学生对人物的理解；可以成为优秀的辩手，把孩子逼到语言与思辨力的墙角；可以依据学生特性，辅助教师优化教学策略……而这些助教作用的实现，都离不开深谙教育教学并懂得 AI 的优秀教师的设计。

在云谷，我们也有一群教师将自己的教育隐性知识总结出来，定制各种智能助理。比如用 AI 支持导师更好地分析学生成长档案，邀请 AI 作为虚拟导师参加成长圆桌会，支持师生将成长计划具体化；用 AI 助理实时搜集最新发生的国内外大事，匹配学生学习的知识或素养，编写相应难度的数学问题，让数学学习始终与真实世界保持同频共振；让 AI 扮演各种不同风格的学生，模拟教学或育人场景，以便进行精心的预设，获得课堂现场的精彩生成……这些 AI 助教的应用不仅整体上增强了教师的个人能力，让教师读懂孩子看见人，让教室里的孩子看见真实的世界，又可以通过减轻教师负担，将时间更多地投入那些更有意义的事，让教育教学中最需要人发挥的作用发挥到最大，让课堂充满生命成长的魅力。

所以，回到本书，无论是教育前线的耕耘者、教育管理的决策者，还是致力于教育创新的机构，这本书都将为你提供灵感的火花、实践的指南，为犹豫者解惑，为实践者注入信心。书中那些具体生动的案例场景还可以启迪我们联想到更多的应用路径。相比十年前巨大的技术差距，在全球生成式人工智能应用尚处起步阶段的当下，国内教育界拥有前所未有的机会，让我们一起努力，积极探索，借助 AI 支持教育理想的落地，热情拥抱教育梦想的破晓时刻。

"后工作时代"的
教育新方向

王鹏

腾讯研究院资深专家

我们总是一边悲观地讨论人工智能对人的替代，一边又期待着人工智能会产生新的工作岗位。回顾历史，每次技术革命，的确会产生新的职业，但往往至少要付出一代人的代价。马克思、恩格斯就曾经描述过工业革命期间纺织工人的惨状。整个社会付出的代价、人们适应新技术和新岗位的速度，很大程度上取决于教育系统适应和改变的速度。

未来教育不仅关乎如何学会知识并找到工作，而且需要在AI 几乎无所不能的"后工作时代"，帮助人类找到学习的动力以及生存的意义感。

人工智能会如何改变教育？

ChatGPT 出现以后，大家都意识到，属于工业文明的现代教育模式即将迎来大的变革。语数外等基础能力无法被替代，仍是基础教育的核心；传统教育讲授的几乎所有学科的专业知识和技能都将被无限消解；审美、跨界整合、共情、讲故事、会玩儿、意义感才是未来教育更重要的使命。

近年来，AI 技术在教育领域的应用成果层出不穷，AI 作为教学助手的能力已得到广泛认同，一对一教学、因材施教也有望重塑。可汗学院创始人萨尔曼·可汗的新书《教育新语》，通过可汗学院网站和基于 GPT-4 的 Khanmigo 的实践，系统展望了未来教育的可能方向。

上千年前，教育工作者就知道一对一教学和因材施教是学习的最佳方式。萨尔曼书中引用了教育学家布鲁姆 1984 年的论文，如果一个学生与导师一起掌握一个主题或技能，这个学生将从 50 百分位提高到大约 96 百分位。但传统教育体系无法以这种方式扩大小组教学规模，使大多数学生实现进步。中产阶级或富裕家庭通常靠个性化辅导来解决这个问题。如今，人工智能导师将凭借技术优势，如无穷的知识、便捷的操作、与学生建立融洽关系的能力等，发挥超越布鲁姆研究成果的作用。

萨尔曼的理想是用可汗学院来确保学生具备必要的核心技能和知识，继而让 Khanmigo 在课堂上通过苏格拉底式的对话、辩论和模拟来深入学习。埃隆·马斯克为 SpaceX（美国太空探索技术公司）员工创立的学校 Synthesis School 及其 AI 教育软

34

件 Synthesis Tutor，虽然具体模式与其差异很大，但同样是一对一教学与集体讨论结合的协同方式。

一般认为，人工智能在教育中有以下几个应用方向：

- 个性化学习：AI 可以根据学生的学习习惯和能力提供定制化的学习计划。
- 智能辅导：AI 教师或虚拟助教可以提供 7×24 的学习支持，一对一全程个性化辅导，并代替教师完成课堂规划、试卷批阅和日常文书等工作。
- 自适应学习：系统可以通过分析学生的表现数据，帮助教师了解学习者目前的学习水平与状态，实时调整教学内容和难度，帮助学习者实现差异化自主学习。
- 互动性和游戏化：AI 技术可以增强学习过程的互动性和趣味，提高学生的参与度和兴趣。

教师角色的转变

虽然 AI 几乎能胜任教师所有的显性工作内容，但在可预见的未来，教育者们仍然担负着重大责任，同时也面临 AI 带来的工作内容和工作方式的巨大调整。如比尔·盖茨所说，"即使技术完善了，学习仍将取决于师生之间的良好关系。它将助力——但永远不会取代——学生和老师在课堂上共同完成的工作"。萨尔曼也反复强调，AI 只是教师的助手，永远不会取代教师。我们从三个角度来观察教师角色的转变方向。

1. 从传授到审核

传统教学模式很难照顾到学生的个体差异，最终要不就"掐尖"式选拔，要不就"双减"式躺平。承认个体差异，真正实行个性化教育、差异化多元培养，唯一的问题就是成本。所以由 AI 代替教师完成传授知识的工作，是大势所趋。

但在 AI 教学过程中，还存在价值观、人性化、教育伦理等多方面问题。AI 虽然能够根据学生的特点提供个性化的学习内容和方法，但是否能够真正理解学生的情感和需求，是否能够给予学生足够的关怀和激励，都是需要人为监管和矫正的。同时，由于 AI 技术本身的局限性，可能会出现信息偏差或者误导，也需要对内容进行审核，因此，在引入 AI 技术的同时，教师的审核和引导作用变得尤为重要。教师不再是简单的知识传授者，更要承担起审查和指导学生学习的责任，确保他们得到正确的知识，培养正确的学习态度。可能造成信息茧房和沉迷的算法，也同样需要负责任的人工审核。

在书中，萨尔曼提到了 Khanmigo 正在研发的一项功能，旨在让教师利用人工智能创建作业和评分标准，并通过应用程序提醒学生完成任务。教师可以自行决定人工智能应该提供多少支持。这种支持可能包括基本的监督，例如应用程序定期拍摄学生论文的快照，或者它可以像成熟的写作辅导一样，与学生就可能的论文主题进行协同创作，对他们的大纲提供反馈，然后对论文提供初步评价。这些反馈可能涵盖从语法到参考文献质量的审查，甚至包括对学生可能获得的成绩的估计。最后，当学生准备提交论文时，人工智能可以向教师发送一份报告：

KHANMIGO：萨尔曼和我花了大约五个小时写这篇文章。他在决定论点时有点困难，但我帮助他选择了一个论点。我对大纲做了些简单的反馈，要求他加强自己的论点。我认为他最初为这个论点选择的参考文献是合理的。根据我们制定的评分标准，我会给这篇文章目前的状态打 B+。如果你同意这个评估，我可以和他一起进一步改进它。点击以下链接查看我们互动的完整记录……总的来说，我相信他和我一起做了这篇论文，没有作弊。不仅互动看起来很真实，而且萨尔曼的写作风格和水平与他在课堂上写的作文一致。

这个过程几乎颠覆了我们对作业、辅导、考试，甚至抄袭和作弊的所有认知。教师审核教学任务和作业题目，而学生与 AI 一起完成学习和练习过程，并记录和评价整个过程，教师再审核过程与评价。这也代表了一种新的人机协作和互动的基本模式。

2. 从指导到陪伴

人工智能打破了分科教学的界限，向学生们展示了一个综合的世界。在这里，学科之间的区别不再重要：数学与艺术结合，写作与科学结合，历史与经济学结合。我们的学生是创造者，是生产者，是词曲作者，是歌手，是播客，是媒体和信息的策展人。

这两年，我在清华建筑学院参与创新课程教学。在课程中，建筑学本科生被要求两个月内设计并制造一个可以感知、认知和执行的机器人，但开课的老师和学生都没有相关的学习经验，软硬件、算法都要在短期内自学。最终同学们基本上都很好地完成了任务。类似的课题还有 2023 年的 AI 视频制作。

这种方式中，教师不再是单纯的灌输者，而是与学生共同探讨问题、解决困难的合作者，师生之间建立起更加平等、密切的关系。这种转变促进了师生更深层次的交流和理解，有助于激发学生的学习兴趣和自主学习能力的培养。

父母在家的辅导和陪伴也可以采用类似的模式。比如我最近在尝试让两个女儿通过文生图工具，绘制正在学习的课文或者古诗的插画。这几乎不需要任何技能学习，只要用语言描述自己对场景的理解即可。孩子需要完整理解和表达课文的内容，并通过观察画面内容发现细节上的错误和不足，并通过多轮对话进行调整，过程中还可以引入姐妹两人的讨论和评价。这时我不是在辅导，而是在和孩子一起通过游戏探索世界。

3. 从监督到激励

与自我激励的成年人不同，惰性是儿童在学习中遇到的最大挑战，也是人工智能暂时无能为力的领域，毕竟它无法在孩子不主动打开电脑时做太多事情。

以往老师和家长更多是在扮演监督者的角色，提醒孩子去学习和写作业。而作为数字化原住民的新一代孩子们在完成学习和娱乐以后，人工智能开始充当监督者的角色。它可以帮助增加孩子的建设性屏幕时间，例如在线学习、编程、数字艺术创作等，并减少他们的非建设性时间，如在社交媒体上浏览朋友的动态或者观看游戏直播。

在这样的背景下，教师和父母的角色发生了转变，更多地成为提供鼓励和有意义表扬的引导者。我们需要重新定义挫折并将其视为改进的机会，提醒孩子休息，强调努力比结果更重要。此外，借助人工智能根据情境提供的建议，可以使学生更快乐、更专注、更高效，促进他们的心智成长。

至少在短期内，人工智能还远远无法替代家长和教师在人际关系和情感支持方面的作用。家长和教师的陪伴、关怀和理解仍然是孩子们学习和成长过程中不可或缺的一部分。因此，在数字化时代，教育者需要适应新的角色定位，既能充分利用人工智能的优势，又能保持人文关怀和情感支持的特质，以促进孩子们的全面发展。

人工智能在教育中的未来是与技术合作，使教育变得更好。换句话说，人工智能不是从老师那里抢戏的；它是帮助老师抢戏的。机器不会把教师降级为教学助理；相反，人工智能才是教学助理。它是值得信赖的僚机，解决无聊的事情，激发创造力，增强课程效果，帮助教育工作者打造难忘的学习体验，照亮学生的思想。

让我们造一枚自己的火箭

夏景

谷雨星球创始人

在收到《教育新语》这本书的时候，我正在计划一次去湘西乡镇中学和农村小学的探访。跟我工作面向的国际学校不同，乡村教育没有名牌大学毕业的老师，家庭也没有动辄十几万上百万的教育投入，在 AI 突飞猛进导致对人才需求大幅变化的当下，如何在现有教育体系里最大化利用好价值，已经比我小时候困难得多。

我出生于 1990 年代初期，父母是乡村老师，我的小学前三年是在村里的小学读的，小学位于山头，只开设幼儿园至四年级，因为人数有限，每个年级不过十几个人，二年级和三年级在同一个教室，轮流坐到前排去上课。那么为什么五年级就要走路去几公里外的镇上上课？一是人数不够，二是因为五年级要学英语了，村里根本没有英语老师。

别说村里了，就连我们整个县城都没有一个外国人。高中那年，城里来了一个讲英语的黑人，不到一天的时间就传遍了小城，成了家家户户的谈资，还有人特意去围观，没多久老外就离开了。对比与我同年生在上海的朋友，家门口普通小学就有外教，还能上戏剧课。

整体来说，当时教育整体分化远没有那么严重，打个不恰当的比方，可能他坐的是绿皮火车软卧，我坐的是硬座，仍在同一列车上；毕业后仍能从事同一份工作，因为职场要求的基本素养是相似的。

然而，这样的情况或许会越来越少：麦肯锡最新的报告显示，到2030年，当前工作时间的30%可能被自动化，人工智能和自动化将显著改变劳动力需求。换句话说，未来不会被AI取代的人才是全方位的和全素养的，需要有底层逻辑的洞察、批判性的思考与发自内心的价值判断。

在国际教育领域，这样的训练从小就开始了，比如讨论式阅读、机器人创客教育、跨学科、项目制学习、翻转课堂、与真实情境挂钩的研学等，不少学校已经将AI嵌入了学生的日常。一方面，我欣喜于教育越来越回到个性化育人的本性，另一方面，我却遗憾于这样的教育仍然是昂贵的、稀缺的，甚至会导致越来越大的教育分化。

可汗在《教育新语》里这样写道，虽然技术是双刃剑，或许会打开潘多拉魔盒，但技术革命才是唯一可能解决问题的出口。书里提到的人工智能与学生、老师和家长的互动让我非常惊讶，这不就是我们梦寐以求的私人定制化的好导师吗？我不禁设想，如果农村孩子用上免费的 AI 工具，进行人机英文对话、引导式提问、游戏化教学，是不是就可以突破地域限制，让潜能得以最大化发挥呢？

或者说，当教育不再受地域限制，我们身上所背负的标签化差异是不是也可以被磨平呢？不管身处何地、对教育的投入多寡，所得教育资源如何，我们都能像可汗说的那样，让所有人的天赋都能得以最大化发展。

"我们团队更加确信，GPT-4 将会成为教育领域的游戏规则改变者。"可汗在书里如是说。

理想虽好，但前路漫漫，教育最大的分化始终是认知。

我们永远不缺工具，缺的是如何用好工具的人。许多乡镇学校收到了大量的电脑、图书的捐赠，但是因为不知道怎么用，都放在仓库落灰。孩子们普遍沉迷于电子产品，用它们刷短视频、打游戏，将其娱乐化而非工具化。老师提起来也频频摇头：我们也不知道外部世界发展成什么样了，也不知道该如何教孩子用。

这样的情况并不局限于乡镇。在信息大爆炸却同时制造出无数信息茧房的时代，哪怕身处城市，我们的世界也变得越来越窄，思考变得越来越浅，我们对于 AI 的恐惧、焦虑多过欢迎与接纳。

AI 与教育的结合发展到了哪一步？新的技术革命又会如何

影响孩子们的未来？什么样的人才可能赢在未来？《教育新语》这本书值得所有一线老师、家长一读，甚至我会买来送给学生们。联合国教科文组织曾经发布过一篇报道，标题是：《继互联网、移动互联网引发第三次工业革命后，大数据驱动下的人工智能技术正在推动第四次工业革命》。

在这场我们有生以来经历的史无前例的变革中，我们有了一次站在同一起跑线上，去造一枚自己的火箭的机会。

赞誉

王莉萍

北京市特级教师，北京师范大学附属中学校长

ChatGPT 怎样介入人类的学习才是有益的?《教育新语》让我们看到生成式人工智能对学生学习、教师教学和家庭教育的具体影响，消除了我们的一些误解，但也提示我们可能发生的危险。

鲁江

深圳明德实验学校（集团）党委书记、附属高中校长

这是一部全景式展现当前波澜壮阔、蓬勃生长的大变革时代的著作。从这部书中，我们看到 AI 正以其独特的魅力，激起科技革命和教育变革的巨浪，推动着第四次工业革命的到来，为教育带来了前所未有的机遇和挑战。

我们永远不要与趋势作对，要在充分发挥创造力、想象力、

情感力和共情力这些人类独特优势和价值的同时，借助 AI 赋能，创造未来教育新范式，培养 AI 时代弄潮儿。

钱静

清华大学心理与认知科学系副教授

我们正站在教育变革的风口浪尖，可汗学院创始人以锐利的笔触和深邃的洞察力，描绘了 GPT 技术如何成为教育革新的强大引擎。这本书深度探索了 GPT-4 如何颠覆传统教育模式。通过个性化教学，学生将不再被迫拥有同质化的学习路径，而是得到量身定制的教育体验，激发个体潜能。智能辅导不仅仅答疑解惑，更有助于启迪思维、培养学生解决问题的能力。这本书不仅是对技术和教育融合的探讨，更是一部关于未来学习方式的启示录。

俞敏洪

新东方创始人，新东方教育科技集团董事长

《教育新语》是一部深入探讨人工智能对教育领域影响的学术著作。本书系统阐述了人工智能在个性化学习、跨学科学习、心理健康辅导等方面的应用和潜力，并严谨分析了技术滥用的风险。通过翔实的案例研究和前瞻性的理论探讨，作者描绘了人工智能重塑教育未来的可能性，为教育变革提供了深刻的洞见和战略性建议，是研究智能时代教育变革的重要参考。

张邦鑫

好未来创始人、董事长兼 CEO

《教育新语》不仅信息丰富，而且充满了想象力，邀请读者去展望一个由 AI 重新定义的未来，也去思考时代的命题：未来学习和成长的目标会发生怎样的变化？作为家长和教育者，我们如何帮助孩子与 AI 共同成长？未来的教育如何培养孩子的创造力和全面发展？……很多问题没有完美的答案，但我相信，带着这些思考来读《教育新语》能给教育工作者、家长和所有对未来感兴趣的人以灵感和动力。

沈祖芸

中国新学校研究会副会长，得到连续 5 年《全球教育年度报告》主讲人

萨尔曼·可汗的新作《教育新语》吸引我的原因有二。

一是本书完整呈现了可汗对教育的认知历程和最新理解。20 年前，可汗因为把教表妹学数学的视频放到网上而开创了在线优质教育资源全球共享的新时代。20 年来，他从技术如何支持"知识"学习走向了如何支持"人"的终身学习。而这本书则揭示了他对人工智能将如何彻底改变教育领域的独到见解。

二是本书清晰勾勒了 AI 在个性化学习中的应用。传统的教育模式无法适应每个学生的独特需求，而 AI 可以根据学生的学习节奏和风格提供量身定制的学习计划。这种个性化的学习体验不仅能提高学习效果，还能激发学生的学习兴趣和动力。可汗通过实际案例展示了 AI 如何帮助学生在数学、科学等

学科中取得显著进步，给我们带来了充满期待又极富挑战的思考。

这是一幅颇有远见的教育改革图景，走进未来已来的你，绝对不容错过。

杨澜

知名媒体人，阳光媒体集团董事长，杨澜读书创始人

今天，我们已经开始进入以大模型生成式 AI 为标志的人工智能第四次浪潮，新技术几乎重塑各个行业，包括教育。我们应该培养孩子的哪些能力？又如何建立人机协同的关系？萨尔曼·可汗提出了有利于个体发展的解决方案，赢在教育，赢在未来。

李一诺

一土教育联合创始人

ChatGPT 的大量应用像是一把重锤，把每个人都敲醒：我们曾经依赖的"教育路径"——考试，升学，稳定就业——可能会成为泡影，很多工作会被机器取代，学校教的东西可能已经过时，考试的能力不再重要……我们该如何为这样的未来做准备？这些发展倒逼我们去关注教育更本质的东西——那些使我们成为"人"的东西，和机器、和人工智能不同的东西。可汗的新书为我们拥抱技术力量、关注教育本质提供了难得的指引。

司晓

腾讯集团副总裁、腾讯研究院院长

大模型为教育领域增加了无限可能。现在的学生已经在尝试用人工智能聊天软件训练口语，向智能助教提问。即使没有任何工程学知识，孩子们也可以画出一张飞行器的图纸。随着大模型的进一步成熟，我们的孩子将可以调用各种专家能力去完成更多的事情，这将助力他们实现更高的目标。因此，家长和教育者们必须及时刷新思维和方法，学会利用人工智能技术支持孩子的全面发展。萨尔曼·可汗颇具勇气的教育新实践，将为我们带来宝贵的见解和指引。

罗剑

火花思维创始人兼 CEO

AI 时代的到来，不仅在迅速改变我们的生活，也带给父母前所未有的焦虑：我们孩子未来的工作是否会被 AI 取代？

我们又该如何培养他们，让他们在这个崭新的时代脱颖而出？这些父母深知，如果无法适应和掌握新技术，个人将会被时代无情地淘汰。

如果你也在思考这一话题，时感焦虑迷茫，那么我坚信，《教育新语》这本书将是你的一盏明灯。我觉得每一位当代教育从业者、家长以及对 AI 教育感兴趣的人都应该通读这本书，它不仅仅是对教育未来的展望，更是一部实战指南，为我们提供了在 AI 时代帮助孩子成功的宝贵策略。

大 J

畅销书作者，自媒体"大 J 小 D"创始人，掌欣早产儿公益组织发起人

每一位承认自己认知局限并且具有独立思考的父母，都应该读一下这本书。承认局限，我们就知道过去的路径依赖已经不存在，才能开放地去接纳人工智能带来的冲击。这本书为我们打开了一扇窗，就未来教育的不确定性提供了很多深刻的洞见，希望我们都能通过独立思考，结合别人的观点进行实践探索，从而形成适合自己家庭的教育方法。

袁希

艺圆艺术创始人，前加拿大滑铁卢大学中国区代表，

华郡投资集团教育产业投资高级合伙人

在读完萨尔曼·可汗的《教育新语》后，我感到无比振奋和激动。这本书不仅在技术层面阐述了人工智能的功能，更深刻地探讨了 AI 如何改变我们的教育模式和生活方式。可汗将人工智能比作一门全新的语言，认为掌握这种语言不仅是未来社会的必然趋势，更是一种艺术。这种逻辑一旦被年轻人掌握，他们将能够开拓无限的可能性。

对于中国的孩子来说，这尤为重要。今天的中国不仅仅是中国人的中国，更是世界的中国。中国文化本质上是一种思维方式，一种看待世界的逻辑，但在走向世界的过程中遇到了前所未有的障碍，其中一个重要原因是缺乏共同的语言逻辑。如今，一种全新的世界语言诞生了，它既不是英语也不是中文，而是一种基于向量的高维逻辑的机器语言。这种语言属于 AI，掌握与 AI 的协作与对话方式，实际上是理解语言背后的高维逻辑，而这种逻辑又反过来帮助孩子们的学习和未来的生活。

萨尔曼·可汗在书中详细描述了他的 AI 助手 Khanmigo，展示了 AI 如何为学生提供个性化的学习体验，犹如私人导师一般，帮助他们实现量身定制的教育。这不仅推动了教育的公平性，使不同背景的学生都能平等获取优质教育资源，更为未来的教育模式开创了新的可能。

然而，可汗并不回避 AI 可能带来的挑战，如数据隐私和偏见问题。然而，这些挑战也恰恰是一种机遇，充满着不确定性，充满着产业复兴的可能性，对年轻人来说也承载着更多的就业机会。他呼吁我们积极面对这些挑战，利用 AI 的优势，为教育注入新的活力和创造力。

这本书是一部充满激情和远见的作品，激励我们以全新的视角看待教育和技术的融合。它不仅引导我们拥抱人工智能这门全新的语言，还启发我们用这种语言探索未知的世界。这本书可能会改变我们对教育乃至生命的看法，是每一个关心教育和未来的人不可错过的读物。我强烈推荐这本书给广大读者，因为它揭示了 AI 在教育中的巨大潜力，AI 将引领我们进入一个充满无限可能的新时代。

王阳

知名媒体人，教育达人，中央广播电视总台高级编辑

中信出版社的编辑把《教育新语》的样书送给我没几天，

就迎来了 2024 年的高考。当高考作文题公布时，我傻眼了，新课标Ⅰ卷的作文题考的竟然是"人工智能"，难道高考作文题是中信出版社出的吗？ 这本书颠覆了我们很多的认知，当我们的孩子还在死记硬背时，美国的小学生居然开始用 AI 写作文、编戏剧。有人说，这个是作弊吗？未来孩子比拼的是谁更有创造性，谁更会利用先进工具提高工作效率，让孩子尽早接触 AI 工具才是决胜未来的关键。这是一个我们必须面对的事实，我们寒窗苦读 12 年，不如 AI 学习 10 分钟。教育主管部门明确指出：人工智能是把金钥匙，它不仅影响未来的教育，也影响教育的未来。我们的教育要主动拥抱智能时代，今后，人工智能要深入教育、教学和管理的全过程、全环节，我们要培养一大批具有数字素养的教师。未来，在人工智能的帮助下，我们每一个孩子的作业都会不一样，大大降低无效重复学习时间，学生主动地学，让老师创造性地教，教育更注重培养孩子们的想象力、创造力、爱的能力。这是一本家长和教师都应该看的书，因为你们塑造的是国家的未来。

在建立和发展全球领先的在线学习辅导系统可汗学院的过程中，萨尔曼·可汗积累了渊博学识，基于此，他在书中分享洞见，预测人工智能不仅将颠覆教育和未来职场，还将引领我们至更美好的世界。

王熙乔

探月学校创始人

在未来的 10~20 年里，人类绝大部分的现有工作岗位要么被 AI 替代，要么被 AI 大幅改变其工作内容。而现有教育体系作为整个人类社会的准备系统无疑会遭受革命性的冲击，并将做出史无前例的改变。

我们的教育目标将从以知识与技能为重点，转移到以使命感和创业精神为中心。

我们的学习者，乃至全世界的所有学习者，都可以在 AI 导师的支持下，拥有完全个性化的精熟学习体验。

我们的教育者，则可以从繁重的知识教授中抽离出来，将精力投入到支持学习者完成一个个能对生活产生积极影响的真实项目学习中，帮助学习者收获审辩探究、合作创新等终身受益的能力，习得同理、好奇、坚毅等宝贵的品质。

我们的评价体系也将从终结性走向过程性；从对知识技能的评价，走向对能力品质的评价；从与社会越来越脱节，走向与社会完全联结。

……

以上这些变化曾经只是我的畅想，难以全面落地。但是萨尔曼·可汗在与 OpenAI 的紧密合作下，已经将这些畅想一个又一个地变成了现实，并将其在实践过程中的深入思考与宝贵经验分享在了这本书中。

感谢萨尔曼的无私奉献与开拓探索。

肖知兴

致极学院创办人，领教工坊学术委员会主席

以每个孩子的最大化的成长为本，这是一个健康的教育行业的根基，孩子的健康、善良、合作能力的培养，比成绩和排名重要一万倍，在人工智能时代尤其如此。可汗撰写的这本《教育新语》，详细讲述了人工智能对于教育的革命性影响，堪称 AI 时代未来教育的全景图，值得教育者和家长细细品读。

贺启思博士（Dr. Christopher Hurley）
耀中耀华教育网络未来教育部主管

凭借对生成式人工智能、个性化学习，以及学习科学的深刻领悟，萨尔曼·可汗带领读者开启了一场全方位思想之旅，一览人工智能如何革新学生、教师和家长参与教育的方式，让学习更加便捷高效。书中巧妙穿插了与学生、家长和人工智能聊天机器人的对话实例，以此展现如何探究、实施每一章节提出的策略和理念。这本书还探讨了当今人们面临的许多关键问题：生成式人工智能的偏差问题、虚假信息与批判性思维、学生作弊与责任、隐私权与透明度，以及人工智能如何扮演"守护天使"。

《教育新语》为将人工智能融入课堂、家庭和职场，提供了一条既高瞻远瞩，又切实可行的路径。它将启发和挑战你反思学习的要义，释放每个学习者的真实潜能。

张伟琪
哈佛大学校友会教育协会亚太区主席

人工智能领域有三大主流观点。第一种是乐观派，代表人物是谷歌创始人拉里·佩奇，他们认为人工智能将推动创新，解决人类面临的贫困、疾病、气候变暖等各种问题。第二种是担忧派，代表人物是"AI 教父"杰弗里·辛顿，他们认为人工智能可能成为人类文明的威胁，并呼吁严格监管。第三种是务实派，代表人物是人工智能专家吴恩达，他们专注于人工智能的实际应用，淡化对它的恐惧。本书作者萨尔曼·叫汁就属于务实派，在《教育新语》一书中，他深入探讨了人工智能如何通过提供个性化学习和普及教育资源等方式来革新教育，同时也关注人工智能在安全和隐私等方面带来的挑战。在他看来，我们每个人都有责任确保人工智能用于改善教育、造福人类。

张晓楠

新东方直播间 CEO，前央视新闻主播

《教育新语》一书突出了人工智能时代对家庭、学校及每一个孩子带来的重大冲击，同时也设想了人工智能在教育和学习领域的广泛应用。它旨在激发人们重新思考教育的本质，鼓励大家勇于抛弃旧有观念，拥抱新技术带来的无限可能。当然，我们也必须正视人工智能可能带来的各种风险，并为此做好充分准备，以确保技术进步真正服务于教育的长远发展和孩子的未来。